Franz Klier

Angeln wie ein Profi

Ausrüstung, Gewässer, Fischarten und ihre Köder

Bassermann

Inhalt

Der Brassen, ein geselliger Schwarmfisch.

Einfaches Locksystem: So überlisten Sie den Dorsch.

Wie Sie die Makrele fangen, lesen Sie ab *Seite 90.*

Vorwort

Dieses Buch will und kann kein umfassendes Anglerlehrbuch sein, es vermittelt aber Erfahrungen und Methoden, die sich in der Praxis auf der ganzen Welt bewährt haben. Es ist gedacht für Praktiker, die an ihrem Fischwasser den einen oder anderen Tipp umsetzen wollen. Es versteht sich aber auch als kreativer Ratgeber für weniger erfahrene Angler.

Warum fangen manche Angler mehr als andere?

Die richtige Angeltaktik trägt entscheidend zu einem guten Fangerfolg bei.

Für erfahrene Petrijünger ist es ein Kinderspiel, viel mehr zu fangen als der Anfänger oder Normalangler. Diesen Könnern gelingt es, auch dann noch Fische aus dem Wasser zu »zaubern«, wenn andere schon resigniert ihr Angelzeug zusammenpacken. Woran mag es liegen, dass es immer wieder die gleichen Angler sind, die bei Angelwettbewerben und Vereinsmeisterschaften vorne dabei sind?

Nun – in den vergangenen drei Jahrzehnten habe ich vielen Profis, die ohne Geheimniskrämerei über ihre Angeltaktik und -technik berichteten, über die Schulter geschaut. Egal ob in Holland, Dänemark, Österreich, Irland, in Norwegen, Alaska oder an heimischen Gewässern – überall lernte ich etwas Neues dazu, machte mir Notizen und versuchte dabei, meine eigene Fangtechnik zu vervollkommnen. Dass manche Angler erfolgreicher sind als andere, hat eine Vielzahl von Gründen, die ich in diesem Buch darlegen werde.

Ein Angler kann immer noch dazulernen

Ein Angler, der vom ansteckenden Bazillus des Anglerfiebers befallen ist, wird nie auslernen können. Er wird sich in seinem Hobby intensiv weiterzubilden versuchen, indem er Gewässer, Fische und erfolgreiche Anglerkollegen genau beobachtet und Insidertipps von erfahrenen Anglern berücksichtigt.

Auch wenn Glück beim Angeln hin und wieder eine Rolle spielen mag, so hängt ein guter Fangerfolg doch meistens in erster Linie vom Wissen über die Welt der Fische, ihre Lebensgewohnheiten und ihre Umweltbeziehungen ab.
Allerdings nützen alle noch so gut angestellten Überlegungen nichts, wenn der Angler sich am Wasser falsch verhält und sich womöglich wie ein Trampeltier bewegt. So werden wir die Fische nur vergrämen und unsere Fangchancen erheblich mindern. Denn grundsätzlich kann man feststellen: Wenn wir durch falsches Verhalten auch nur einen einzigen Fisch vergrault haben, haben wir automatisch auch alle anderen Fische in diesem Bereich vertrieben.

Tipp 1
Verhalten Sie sich am Fischgewässer unbedingt ruhig. Vermeiden Sie vor allem ruckartige Bewegungen.

Fische – die ältesten Wirbeltiere

Fische sind die ältesten Wirbeltiere der Evolution. Sie bevölkern seit etwa 400 Millionen Jahren die Gewässer und hatten somit sehr viel Zeit, um sich optimal an die Lebensbedingungen im flüssigen Element anzupassen. Zwei Sinnesorgane sind beim Fisch, der häufig zu Unrecht als primitives Lebewesen eingestuft wird, besonders gut ausgebildet: das Seitenlinienorgan und der Sehsinn.

Zwei Sinnesorgane, die alles bemerken

Das Seitenlinienorgan – eine helle oder dunkle Linie entlang der Körperseite – ist ein Ferntastsinn, der dem Fisch Strömungen, Hindernisse, herannahende Fische und leider auch Angler anzeigt, die sich unvorsichtig am Ufer bewegen und Erschütterungen verursachen. Das Sehvermögen des Fisches ist hervorragend und wird oft unterschätzt. Das Auge hat die Fähigkeit zur Nah- und Fernsicht sowie für räumliches Sehen. Dazu kommt ein ausgeprägtes Farbunterscheidungsvermögen. Und schließlich öffnet die seitliche Stellung des Auges dem Fisch ein großes Gesichtsfeld. Er sieht demnach nicht nur nach rechts und links, sondern gleichzeitig auch nach oben und unten, nach vorne und hinten. Ja, er sieht sogar Dinge über dem Wasser und am Ufer. Für den Angler bedeutet dies: Deckung, wo immer möglich!

Das Seitenlinienorgan vermittelt Informationen über Wasser- und Uferbewegungen.

Die Ausrüstung ist das A und O des Angelns.

Das Angelgerät

Die richtige Rute

Die richtige Rute ist das A und O für jeden erfolgreichen Angler. Je nach ihrer Biegsamkeit und Aktion lassen sich Angelruten in drei Klassen einteilen:

- Rute mit Spitzenaktion
- Rute mit Vollaktion (parabolisch)
- Rute mit Halbaktion (semiparabolisch)

Rute mit Spitzenaktion

Eine Rute mit Spitzenaktion biegt sich beim Wurf ausschließlich im Spitzenbereich. Dies bedeutet, dass sich leichte Köder wie Spinner, Blinker oder leichte Posenköder (beim Friedfischangeln) mit ihr am besten werfen lassen.

Erfolgreiche Sportangler wählen für jedes Gewässer und jede Fischart ihre Angelrute sorgfältig aus.

Rute mit Halbaktion

Eine Rute mit Halbaktion ist eine echte Allroundrute. Sie biegt sich in der oberen Rutenhälfte. Sie eignet sich gut zum Grundfischen mit Blei, zum schweren Posenfischen und ebenso zum schwereren Kunstköderangeln.

Gerte mit Vollaktion

Eine Gerte mit Vollaktion biegt sich im gesamten Bereich und ist besonders effektiv im Drill großer Fische. Geflochtene und somit dehnungsarme Schnüre erfordern eine Rute mit zumindest semiparabolischer Aktion, ansonsten lässt eine harte Gerte mit harter Schnur beim Drill den Haken ausschlitzen.

Das Material der Angelrute

Kohlefaserruten sind teurer als Glasfaserruten, dafür aber erheblich leichter und dünner, was sich im Verlauf eines Angeltages vor allem beim Spinn-, Pilk- und Posenangeln im Fluss auf den Angelkomfort positiv auswirkt. Zwei- oder dreigeteilte Steckruten haben einen Aktions- und Weitwurfvorteil gegenüber der Teleskoprute, die Angler aber dennoch oft deshalb bevorzugen, weil sie sich besser transportieren lässt.
Rutenringe sollten eine Aluminiumoxid- oder Siliziumeinlage haben, weil dieses Material robust und glatt ist und die durchlaufende Schnur nicht beschädigt. Wer leichte Köder werfen will, sollte auf hoch stehende, eng gesetzte Ringe achten. Sonst kann es passieren, dass bei Regen die dünne Schnur beim Auswerfen leichter Köder oder Posen an der feuchten Rute klebt.

Tipp 2
Für leichte Köder sollten Sie hoch stehende, eng gesetzte Rutenringe verwenden.

Welche Ruten passen zu welchen Fischen?

Um es gleich vorweg zu sagen: Die Allroundrute für alle Fischarten gibt es nicht. Dennoch kann man natürlich versuchen, verschiedene Fischarten mit nur einer Rute zu beangeln.
Weißfische, Barsch, Forelle und mittlere Karpfen lassen sich am leichtesten mit einer Rute mit Spitzenaktion und etwa 10 bis 30 Gramm Wurfgewicht fangen. Beißen schwerere Karpfen, muss man diese über die gut eingestellte Bremse ausdrillen. Mit einer 20- bis 60-Gramm-Rute lassen sich fast alle einheimischen Fischarten fangen. Nur für größere Fische wie Waller, Dorsch (am Pilker), Makrele (am Fünf-Haken-System) und zum Brandungsangeln benötigt man eine etwa drei Meter lange Rute mit bis zu 200 Gramm Wurfgewicht. Wollen Sie sich auf eine Fischart spezialisieren, werden Sie sich vermutlich früher oder später eine spezifische Rute anschaffen, die auf die Fischart und das jeweilige Gewässer abgestimmt ist. Beangeln Sie zum Beispiel Karpfen an einem See oder langsam fließenden Kanal, genügt eine Rute mit 60 Gramm Wurfgewicht; in Flüssen benötigen Sie dagegen stärkeres Gerät, um der Strömung gewachsen zu sein.

Tipp 3
Für viele heimische Fischarten eignet sich die 20- bis 60-Gramm-Rute.

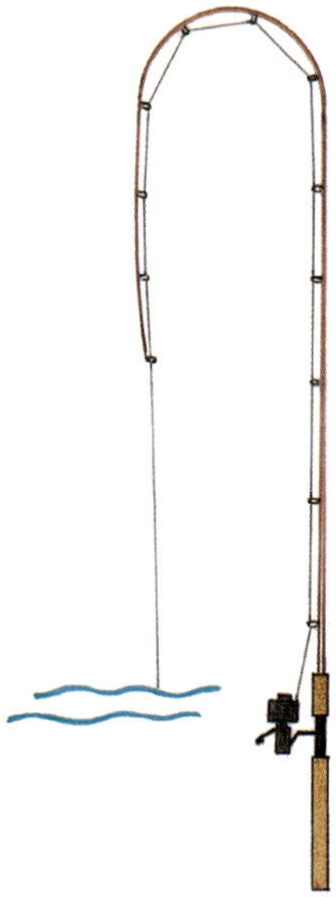

So sollten Sie die Rute nicht belasten.

Wichtige Tipps zum Umgang mit der Rute

▶ Tragen Sie bei einem Marsch durch unwegsames Gelände immer das Handteil voraus – das vermeidet Rutenspitzenbrüche.
▶ Legen Sie bei Angelpausen die Rute nie auf dem Boden ab – es findet sich sonst bestimmt jemand, der zufällig drauftritt.
▶ Hängen Sie bei Angelpausen den Haken nicht im Rutenring ein, weil dieser sonst beschädigt wird und die Schnur aufraut. An einem der Rutenstege können Sie ihn dagegen problemlos einhängen.
▶ Lösen Sie Hänger nie mit wilden Zerrversuchen über die Rutenspitze! Besser ist es, den Rollenbügel zu öffnen, die Schnur um das Handgelenk zu wickeln (Hemd oder T-Shirt oder Tuch als Unterlage) und langsam mit gespannter Schnur nach hinten zu gehen.

Die richtige Rolle

Die Rollen werden technisch immer raffinierter. Zur Orientierung beim Kauf einer Stationärrolle gibt es jedoch einige grundlegende Punkte, die immer gelten und die Sie beachten sollten:

Kugellager Je mehr Kugellager die Rute hat, umso besser. Mehrere Kugellager sorgen nämlich für einen weichen Lauf und halten länger. Auch die Schnurdurchlaufrolle sollte ein Kugellager besitzen, um einen Schnurdrall zu verhindern.

Qualität Wenn Sie mit einer geflochtenen dehnungsfreien Schnur angeln wollen, sollten Sie ganz besonders auf Qualität achten, denn hier wird das Getriebe einer Rolle stärker belastet.

Spule Achten Sie auf die richtige Bespulung! Besitzt die Rolle eine konisch zulaufende Weitwurfspule, kommt man mit ihr die entscheidenden Meter näher zum Fisch. Für einen optimalen Wurfablauf sollten ein bis zwei Millimeter bis zum Spulenrand frei sein (siehe Abbildung Seite 9).

Rolle Ganz wichtig ist, dass die Rolle leicht ist, so dass Ihre Hand während des Angelns nicht ermüdet – das ist speziell beim Spinn- und Pilkangeln wichtig, wo man die Rute ständig in der Hand hält.

Tipp 4
Eine Angelrolle sollte möglichst viele Kugellager haben – achten Sie beim Kauf darauf!

Zum Fischen im Meer sind robuste salzwasserbeständige Leichtmetallrollen nötig. Wer häufig auf Karpfen, Hecht und Zander ansitzt, der sollte sich den Kauf einer Freilaufrolle überlegen, bei der der Fisch bei geschlossenem Bügel ungehindert Schnur abziehen kann. Noch ein Wort zur Spulenbremse: Ich tendiere hier zur Kopfbremse, denn sie ist für mich feiner einstellbar als die Heckbremse.

richtig

falsch

Die Bespulung der Rolle.

Die Multirolle

Anders als ihre skandinavischen Kollegen benutzen nur wenige deutsche Angler die Multirolle, obwohl sie zweifellos einige Vorteile gegenüber der Stationärrolle besitzt. So vermittelt sie einen direkteren Kontakt zum Fisch, was beim Schlepp-, Spinn- und vor allem beim Kutter- und schweren Meeresangeln Vorteile bringt. Beim Kutterangeln braucht man beim Driften des Bootes nicht ständig den Bügel umzulegen, um Schnur nachzugeben. Zudem ist die Multirolle im Drill harmonischer, kraftsparender und belastungsfähiger, weil die Schnur nicht wie bei der Stationärrolle den Umweg über die Umlenkrolle nehmen muss. Für Großfische wie Dorsch oder Wels ist deshalb eine robuste Multirolle – wenn möglich aus einem Alublock gefräst – vorzuziehen.

Bei der Multirolle muss die Magnetbremse je nach Ködergewicht richtig eingestellt werden – sonst droht beim Wurf Schnursalat.

Die richtige Schnur

Derzeit gibt es eine solche Vielzahl von Schnüren, dass die Auswahl selbst dem Fachmann schwer fällt. Außerdem kommen ständige neue Produkte hinzu, die nicht alle das versprechen, was sie halten.

Geflochtene Dyneema- oder Monofil-Schnur?

Diese Frage lässt sich nicht eindeutig beantworten, denn beide Schnursorten haben ihre Vor- und Nachteile. Mit Dyneema-Schnüren können Sie bis zu 50 Prozent unter dem Durchmesser herkömmlicher Schnüre bleiben; trotzdem haben sie noch die höhere Tragkraft.

Sie können zum Hechtangeln eine 0,17er-Schnur verwenden – die Tragkraft beträgt dennoch etwa zehn Kilogramm. Diese dünne Schnur bietet der Strömung weniger Widerstand und ermöglicht somit auch den Einsatz kleinerer und damit leichterer Rollen.

Tipp 5

Wenn Sie Dyneema-Schnur verwenden, nehmen Sie keine zu harte Rute, weil sonst der Haken zu leicht aus dem Fischmaul ausschlitzt.

Vorteile der geflochtenen Schnur

Der größte Vorteil dieser aus Polyethylen gefertigten Angelleine ist ihre Dehnungsfreiheit, die ein direktes Gefühl zum Köder schafft. So spüren Sie beim Meeresangeln das Spiel des Pilkers selbst noch in 100 Metern Tiefe, und auch beim Spinnangeln ist eine äußerst feinfühlige Köderführung möglich. Die minimale Dehnung lässt den Anhieb effektiv durchkommen, so dass sich der Haken sicher im Fischmaul einhakt. Das bringt Vorteile beim Angeln auf Distanz (Karpfen) sowie beim Spinn- und Schleppangeln. Hinzu kommt noch, dass die Bissanzeige früher und direkter ist. Da diese Geflechtschnur im Zuge ihrer Weiterentwicklung immer weicher und glatter geworden ist, lässt sie sich mittlerweile auch auf der Stationärrolle gut verwenden. Die Gerte muss etwas weicher sein als beim Angeln mit einer Monofil-Schnur. Vorsicht bei leichten Kohlefaserruten mit steifer Spitze: Hier droht Rutenbruch.

Tipp 6

Führen Sie die Dyneema-Schnur beim Clinchknoten immer doppelt durch das Öhr – so vermeiden Sie, dass die Schnur beschädigt wird (siehe Abbildung unten).

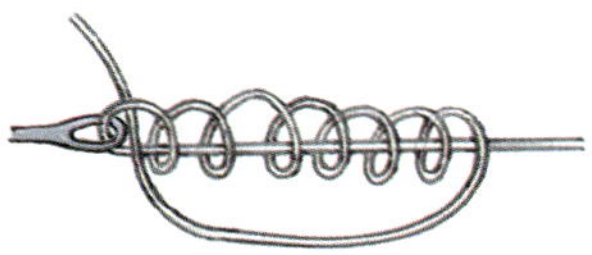

Nachteile der geflochtenen Schnur

Einen Nachteil der geflochtenen Schnur sehe ich beim Gebrauch im Winter, weil sie schnell vereist. Außerdem ist sie (noch) recht teuer. Sparen können Sie, indem Sie eine günstigere Monofil-Schnur auf die Rolle unterspulen und nur die letzten 60 bis 120 Meter mit Geflechtschnur füllen.

Vorteile der Monofil-Schnur

Obwohl die Dyneema-Schnur bei einigen Angelmethoden klare Vorteile hat, ist nach wie vor mehr als die Hälfte meiner Rollen mit guter Monofil-Schnur bespult. Ein neuer Trend geht seit einiger Zeit in Richtung »unsichtbare« Schnüre, deren Lichtbrechungsfaktor fast dem des Wassers entspricht. Dies stellt einen großen Vorteil gegenüber der gut sichtbaren geflochtenen Schnur dar – speziell bei der

Verwendung als Vorfachschnur. Aber auch beim feinen Posenangeln ziehe ich eine Monofil-Schnur vor, weil die kleinen Haken weniger ausschlitzen. Überhaupt kann man sagen, dass dünndrahtige Haken sich leichter an eine Monofil-Schnur knüpfen lassen.

Der Schnurdrall

Wer häufig über die Bremse drillt, bekommt ebenso Schnurprobleme wie jemand, der beim Spinn- und Schleppangeln mit Blinker keinen guten Wirbel vorschaltet. Die Folge: Die Schnur verdreht sich. Jeder Angler kennt das Problem, wenn sich die Hauptschnur um die Rutenspitze schlängelt und der Köder nicht mehr werfbar ist.

Tipp 7
Erhöhen Sie die Tragkraft Ihrer Knoten, indem Sie bei geflochtenen Schnüren einen Tropfen Sekundenkleber vor dem Zuziehen auf die Schlingen geben. Bei Monofilschnur genügt etwas Speichel.

Die wichtigsten Anglerknoten

Im Folgenden werden einige Knoten vorgestellt, die leicht zu knüpfen sind und allen Anforderungen gerecht werden.

Der Clinchknoten
Der zweimal durch die Öse gezogene Clinchknoten ist ideal zum Anbinden von Öhrhaken und Wirbeln. Wenn Sie ihn vor dem Zuziehen mit etwas Spucke versehen, erlangt er höchste Tragkraft.

Der Schlagschnurknoten
Der Schlagschnurknoten verbindet die Hauptschnur mit der viel stärkeren Schlagschnur und verhindert beim kraftvollen Werfen hoher Bleigewichte (über 100 Gramm) wie beim Karpfenangeln auf Distanz und beim Brandungsangeln, dass die Schnur reißt.

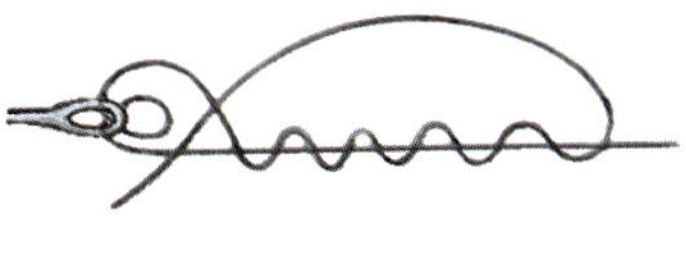
Clinchknoten

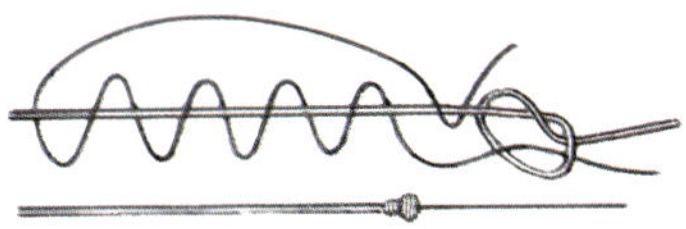
Schlagschnurknoten

Tipp 8
Nehmen Sie beim Zuziehen des Seitenarmknotens die Schlaufe zwischen die Zähne, dann geht es leichter.

Der Seitenarmknoten

Diesen Knoten muss jeder Meeresangler beherrschen, der seine Paternoster selber knüpfen und individuell beködern will. Wenn man die Schlaufe länger knüpft, kann man einen Jig-Haken mit großem Öhr direkt einschlaufen. Knüpft man indes die Schlaufe kürzer, muss man den Kunststoffköder oder die Makrelenfliegen an einer eigenen Schnur befestigen, eine Schlaufe binden und diese dann in die Seitenarmschlaufe einhängen.

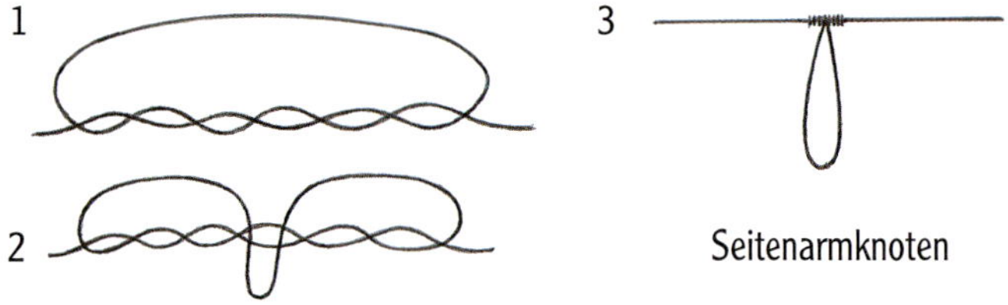

Seitenarmknoten

Der Schlaufenknoten

Der Schlaufenknoten ist erforderlich, um selbst geknüpfte Vorfächer und Mundschnüre in den Wirbel oder Seitenarmknoten einhängen zu können. Er ist besonders leicht zu binden, wenn man die letzten 20 Zentimeter der Schnur doppelt legt und dann knüpft. Für das Boilie-Haar beim Karpfenangeln bindet man eine kleine Schlaufe.

Der Verbindungsknoten

Dieser Knoten ist zum Verknüpfen zweier Schnurenden ideal. Wollen Sie eine Rolle nicht komplett mit teurer Qualitätsschnur füllen, sondern eine billigere Schnur unterlegen, dann leistet dieser Knoten beim Verbinden dieser Schnüre gute Dienste.

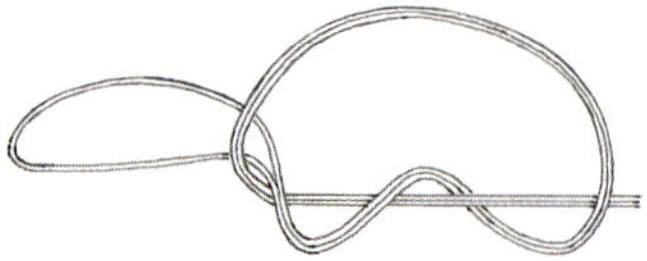

Schlaufenknoten

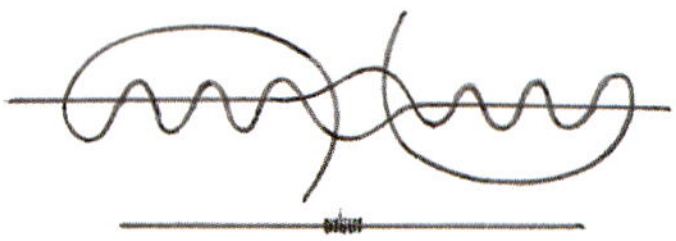

Verbindungsknoten

Das wichtigste Angelzubehör

Haken Auch beim Zubehör gibt es eine große Auswahl – der Angler hat die Qual der Wahl. Grundsätzlich kann man folgende Regel aufstellen: Kräftige Haken passen eher zu einer geflochtenen Schnur, dünndrahtige eher zu einer Monofil-Schnur. Mais sollte auf vergoldete Haken aufgesteckt werden, für Würmer nimmt man lieber brünierte Haken. Am wichtigsten aber ist, dass die Haken scharf sind und im Fischmaul gut greifen. Deshalb ist ein Hakenschleifstein unerlässlich.
Wirbel Beim Wirbel ist der beste gerade gut genug. Er sollte leicht sein, auch unter Zug eine hohe Tragkraft haben und gut drehbar sein. Der Sicherheitskarabiner darf sich niemals öffnen. Im Salzwasser machen sich teure, dafür aber rostfreie Wirbel und Haken bezahlt.
Kescher Ein guter Teleskop-Klappkescher besitzt einen ausziehbaren, langen Stiel und einen großen geräumigen Keschersack. Beim Meeresangeln brauchen Sie unbedingt ein scharf geschliffenes Teleskop-Gaff, das beim Landen des Fisches durch dessen Unterkiefer geführt wird. Damit sich die Kescheraufhängung nicht verbiegt, heben Sie schwere Fische immer mit schräg gehaltenem Kescherstiel aus dem Wasser.
Rachensperre Für ein waidgerechtes Abhaken des Fisches ist eine Rachensperre unverzichtbar.
Fischtöter Zum Abschlagen des Fisches brauchen Sie einen schweren keulenförmigen Fischtöter aus Kunststoff – am besten kombiniert mit einem Hakenlöser.
Sonstiges Zu den weiteren Utensilien gehören ein Mehrzweck-Taschenmesser, Schere, Schraubenzieher und Nadel.

Tipp 9
Beachten Sie beim Schleifen Ihrer Haken: Die Spitze ist dann ausreichend scharf, wenn sie den Fingernagel einritzt. Machen Sie also die Nagelprobe!

Eine gebogene Zange (Hebelwirkung!) hilft beim Abhaken der Beute.

Das braucht jeder Angler

- Haken und Schleifstein
- Wirbel
- Teleskopklappkescher
- Hakenlöser
- Rachensperre
- Fischtöter
- Mehrzwecktaschenmesser
- Anglerzange zum Abhaken

Anfüttern ist der Weg zum Erfolg.

Friedfische

Aus Gründen der Übersichtlichkeit wird in diesem Buch zwischen Friedfischen, Raubfischen und Meeresfischen unterschieden.
Friedfische ernähren sich von Kleintieren wie Würmer, Krebse und Insektenlarven, nehmen aber auch pflanzliche Nahrung. Raubfische bevorzugen vorwiegend Fische als Beute; selten vergreifen sie sich an Fröschen, kleineren Wasservögeln oder anderem kleinen Wassergetier.

Die Barbe

Die Barbe liebt klares, sauerstoffreiches Flusswasser und ist hierzulande speziell im Einzugsgebiet der Donau zu Hause, wo sie entweder direkt in der Flussmitte, hinter Wehren, unter Brücken, unterhalb von Mühlschüssen, zwischen Wasserpflanzenfahnen oder an Einmündungen steht. Mit ihrem unterständigen Maul und den vier Barteln oberhalb und unterhalb der wulstigen Lippen ist sie ein typischer Grundfisch, der grobkiesigen Gewässerboden bevorzugt, Algen von Steinen abweidet und sich von Kleininsekten ernährt. Die Barbe steht zum Leidwesen des Anglers häufig weit entfernt in der Flussmitte, so dass sie mit dem Angelköder vom Ufer aus nicht mehr erreichbar ist. Deshalb sind zum Beangeln Watstiefel oder ein Boot nötig.

Die Barbe steht sehr gern in der Strömung.

Wann die Barbe am besten beißt

Die Barbe ist eine Allesfresserin – mit Würmern, Maden, Frühstücksfleisch, Käse, Brotflocken (nur in mäßiger Strömung) und Mais kann man sie leicht locken. Von April bis Oktober lässt sie sich schnell zum Biss verleiten, in der kalten Jahreszeit indes verhält sie sich eher abwartend und zögerlich. Die besten Beißzeiten sind die Morgen- und Abenddämmerung, speziell im Sommer ist sie im flacheren Wasser nachts am besten zu fangen. Hierfür sollte man allerdings schon tagsüber die Standplätze des Barbenschwarms ausmachen – die Fische verraten ihre Anwesenheit oft durch heftiges Schlagen an der Wasseroberfläche.

Am besten beißt die Barbe von April bis Oktober – und zwar in der Morgen- und Abenddämmerung.

Was Sie beim Fang beachten müssen

Meist knabbern die Fische vorsichtig am Köder, bevor sich die nicht zu steife Rutenspitze durchbiegt – jetzt erst sollte der Anhieb erfolgen. Zupfen die Barben vorsichtiger, ist das Vorfach kürzer zu wählen und bei den ersten Rutenausschlägen anzuschlagen. Eine gehakte Barbe ähnelt oft einem Hänger, da sie nicht flüchtet.

Die richtige Schnur

Eine geflochtene Hauptschnur zeigt feine Zupfer deutlicher an als eine Monofil-Schnur. Da die Barbe mit ihrem torpedoförmigen Körperbau ein wahrer Muskelprotz ist, pflegt sie einen kämpferischen Drill zu liefern; Fische ab einem Gewicht von acht Pfund gelten als kapital. Zum Vergleich: An meinem Heimatgewässer, dem Lech, wiegen die guten Exemplare zwischen vier und fünf Pfund. Allerdings habe ich in Spanien, in den Flusssystemen des Ebro und des Tajo schon Riesenbarben mit über zehn Pfund Gewicht gefangen.

Barben besitzen eine Kämpfernatur und sind nicht sonderlich schnurscheu. Deshalb sind Monofil-Schnurstärken nicht unter 0,25er (0,12er geflochten) und Hakengrößen zwischen vier und zehn angemessen.

Tipp 10
Wählen Sie das Gewicht so, dass das Blei mit der Strömung leicht abrollt.

Was Sie sonst noch beachten müssen

Tipp 11
Bei angetrübtem Hochwasser beißen die Barben gerne auf Tauwurm abseits der Hauptströmung.

Am besten befischt man die Barbe entweder mit der Seitenbleimontage auf Grund, wobei das Gewicht des Bleies so zu wählen ist, dass es gerade noch der Strömung standhält oder mit der Strömung leicht abrollt. Je nach Gewässer eignet sich eine Rute mit 40 Gramm oder 60 Gramm Wurfgewicht – die Bissanzeige erfolgt über die Rutenspitze (nachts mit einem Knicklicht versehen!). Beim Barbenangeln empfiehlt es sich grundsätzlich, nur mäßig mit Maden, Hanf, Mais oder Wurmstückchen an- und nachzufüttern.

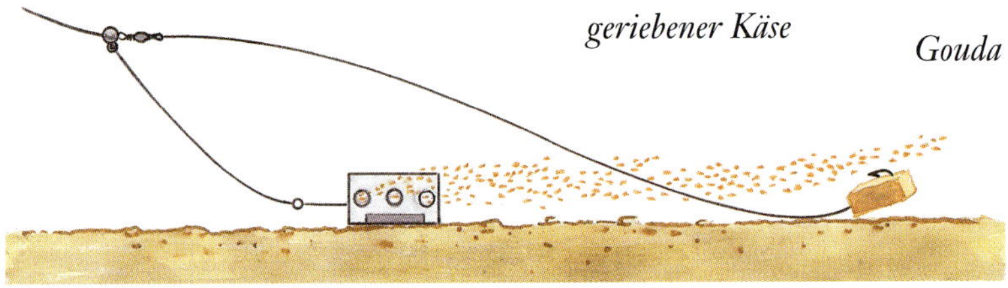

Flacher Futterkorb mit Bleiplatte.

Die zweite Methode ist das Angeln mit einer kräftigen drei bis dreieinhalb Meter langen Feeder-Rute mit geschlossenem Futterkorb. Im Futterkorb befindet sich jeweils der gleiche Köder wie am Haken – also Käse, geriebene Käserinde (Gouda mit einem Zentimeter Kantenlänge) oder Maden (Caster). Um beim Barbenangeln in stärkerer Strömung eine sensible Bissanzeige über die Rutenspitze zu erhalten, sollte man die Rute am Ufer schräg nach oben ablegen, um so den Strömungsdruck auf die Schnur und die Rutenspitze zu verringern.

»Falsch« gehakte Barben

Liegt der Köder in einem Barbenschwarm auf dem Grund, kommt es häufig vor, dass die Fische beim schnellen Drehen und Wenden am Grund gegen die Schnur schwimmen und sich selbst am Körper oder an der Flosse haken. Dadurch lässt sich der Angler leicht täuschen und meint beim Drill, eine kapitale Barbe gehakt zu haben, denn seitlich gehakte Barben entwickeln gewaltige Kräfte im Drill.

Der Brassen

Der Brassen, auch Brachse oder Blei genannt, kommt als geselliger Schwarmfisch in fast allen stehenden und schwach strömenden Gewässern vor. Im Unterlauf größerer Flüsse steht er als Leitfisch zwischen Buhnen, am Rande der Strömung und in ruhigen Buchten. Große Brassen stehen uferfern, kleinere ufernah. Der hochrückige, seitlich zusammengedrückt wirkende grauschwarze Weißfisch liebt Wasser ab drei Meter Tiefe. Hier vollzieht der Brassen mit der dicken Schleimschicht beinahe einen »Kopfstand« am Grund und durchwühlt mit seinem unterständigen Maul, das er rüsselartig vorstülpen kann, die schlammige Bodenschicht. Dabei verrät er seinen Standort meist durch Fressblasen, die zur Wasseroberfläche steigen.
Da sich Brassen oft mit anderen Fischarten wie beispielsweise Plötzen paaren, gibt es zum Leidwesen der Angler zahlreiche Bastardformen.

Der karpfenartige Weißfisch fühlt sich am wohlsten in Wassertiefen ab drei Metern.

Der Brassen ist ein sehr geselliger Schwarmfisch.

Was der Brassen frisst

Der Brassen frisst gerne fleischige Köder wie Würmchen und Larven. Der Angler fängt den gefräßigen, aber vorsichtigen Fisch deshalb bevorzugt auf Made und Wurm, aber auch Mais ist ein beliebter Köder. Brassen lieben übrigens Cocktailköder aus Rotwurm/Mais oder Made/Caster. Anfüttern ist ein absolutes Muss.

Wann der Brassen am besten beißt

Tipp 12
Bereiten Sie vor dem Brassenfang einen Eimer süßliches Futter zum Anfüttern vor.

Der Brassen kann das ganze Jahr über an den Haken gelockt werden, im Sommer eher morgens und abends, im Winter – an leichterem Gerät – vorrangig um die Mittagszeit. Im Drill strebt der Brassen ruckartig zum Grund, ermüdet aber schnell und gibt auf. Ein Durchschnittsfisch misst um die 30 Zentimeter, kapitale Exemplare wiegen über vier Kilogramm. Bemerkenswert ist, dass die Männchen im Frühling (Mai/Juni) einen Laichausschlag mit auffälligen kleinen weißen Pünktchen bekommen.

Wie Sie Brassen an- und nachfüttern

Ohne reichliches An- und Nachfüttern kann ein Brassenschwarm weder angelockt noch am Angelplatz gehalten werden. Dazu sind einige Liter einer süßlichen Futtermischung nötig. Brassen lieben übrigens Vanille. Drei Hand voll Mais genügen hier also nicht – vor allem, wenn man einmal beobachtet hat, wie schnell ein vorbeiziehender Brassenschwarm im Stile einer Staubsaugerarmada den Futterplatz leerfegt.

Tipp 13
Achten Sie darauf, dass sich am Seegrund ein Futterteppich bildet.

Wie Sie Futterkugeln formen

Die Grundsubstanzen der tennisballgroßen Kugeln sind zu 80 Prozent Paniermehl und süßes Biskuitmehl. Für stehende Gewässer formt man eher lockere, feuchte Futterkugeln, die an der Wasseroberfläche zerplatzen und am Grund einen Teppich bilden. Lockere Konsistenz erreichen Sie, indem Sie etwas Weizenkleie zugeben. Für Fließgewässer muss das Futter schwerer sein und gut binden; es soll schnell zum Grund absinken und sich dort nur langsam auflösen. Anstatt Weizenkleie mischt man deshalb Haferflocken und feinkörnigen Kies unter und mengt mehr Wasser bei. Befindet sich dann noch der am Haken angebotene Angelköder in Form von Maden, Caster oder Mais im Futter, steigert das die Beißlust der gierigen Brassen zusätzlich. Maden müssen Sie fest einkneten, damit sie sich nur nach und nach befreien können.

Die Liftmethode

Wenn ein Fisch zuerst den Köder einsaugt, ihn aber sofort wieder ausspuckt, wenden erfahrene Angler die so genannte Liftmethode an, mit der auch vorsichtige Fische zu überlisten sind. Diese Angeltechnik mit der Matchrute wird im Kapitel »Schleie« auf Seite 38 erklärt. Die Liftmethode eignet sich auch für leicht strömende Flüsse mit hängerfreiem Grund. Hierfür benötigen Sie allerdings das passende Gerät – nämlich eine fest stehende Pose mit drei bis zehn Gramm Wurfgewicht. Die Rollenrute muss dabei eineinhalb Meter länger sein, als das Wasser tief ist. Stellen Sie die Pose auf etwa 10 bis 15 Zentimeter über Wassertiefe ein, damit das Blei am Grund nachgeschleift wird; das Gewicht wählen Sie dabei je nach Strömung. Die Folge: Der Köder treibt am 50 Zentimeter langen 0,14er-Vorfach dem Blei voraus. Das Tropfenblei wird durch einen Stopper daran gehindert, auf das Vorfach zu rutschen. Die Hauptschnur wählt man etwas stärker. Bei einem Biss schiebt sich die Antennenkugel der Pose aus dem Wasser. Ein rotes Madenbündel am 10er-Haken reizt den Brassen erfahrungsgemäß am schnellsten zum Biss.

Tipp 14
Wenn Sie mit anderen Techniken kein Glück hatten, können Sie mit der Liftmethode noch zum Erfolg kommen.

Idealerweise wird das Blei am Grund nachgeschleift.

Abtreibende Pose

Legen Sie zum Anfüttern mit Futterballen eine etwa drei bis vier Meter breite Spur – und zwar etwa drei Meter unterhalb der Einwurfstelle. Führen Sie anschließend die Pose mit gestraffter Schnur diagonal über den ausgebreiteten Futterteppich.

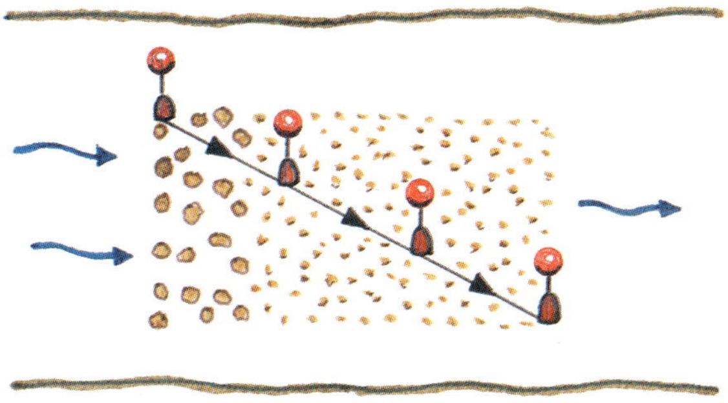

Posenangeln diagonal über den Futterteppich.

Brassen angeln mit der Winklepicker-Rute

Mit dieser sensiblen Grundangeltechnik lässt sich im Nahbereich sehr gut auf Brassen angeln. Die auswechselbaren farbigen Rutenspitzen zeigen selbst feinste Bisse der oft scheuen Brassen an. Um Verwicklungen beim Auswerfen zu vermeiden, verwenden Sie am besten Birnenbleie zwischen 5 und 15 Gramm am Casting-Boom.

Die Winklepicker-Rute (auch QuiverTipp oder Bibberspitze) bietet eine sensible Bissanzeige über die Rutenspitze und zeigt selbst vorsichtige Zupfer am Köder an. Zur 2,7-Meter-Rute werden drei aufschraubbare Spitzen für strömende oder stehende Gewässer mitgeliefert. Als Hauptschnur wählt man eine dehnungsarme 0,14er bis 0,16er; das kurze Vorfach (30 bis 40 Zentimeter) sollte noch etwas schwächer sein. Auf größere Entfernungen bietet sich für eine bessere Bissanzeige eine dehnungslose 0,10er-Flechtschnur an. Geangelt wird mit leichter Bebleiung am dünnen 0,10er-Seitenarm (Sollbruchstelle bei Hängergefahr!). Selbst in der Strömung reichen übrigens Bleigewichte zwischen 3 und 15 Gramm vollkommen aus.

Tipp 15

Verwenden Sie zum Picker-Angeln unbedingt eine dehnungsarme Schnur.

Nach dem Auswurf legt man die Rute parallel zum Ufer ab und achtet darauf, dass die Quiverspitze nur leicht gekrümmt wird. Deshalb muss beim Angeln in der Strömung nach dem Ablegen der Rute noch etwas Schnur gegeben werden. Andernfalls biegt sich die Spitze zu sehr durch – Bisse werden dann nicht mehr gut angezeigt. Zuckt die Spitze, ist die Reaktionsfähigkeit des Anglers gefragt. Wichtiges Zubehör beim »Pickern« ist eine Rutenauflage aus Kunststoff mit mehreren Einkerbungen, mit der man den Rutenwinkel (Winkel 90–120 Grad zur gestrafften Schnur) je nach Strömung verändern kann.

Brassen angeln fern vom Ufer

Große Brassen stehen bis zu 70, 80 Meter vom Ufer entfernt. Verwenden Sie einen elektronischen Bissanzeiger, ein Birnenblei, eine relativ weiche Rute, sowie eine weiche 18er-Hauptschnur und knüpfen Sie ein 6 Meter langes Stück stärkere Schlagschnur davor. Die Schnur zum Köder muss gespannt sein.

Brassen angeln mit dem Futterkorb (Feeder)

Das Angeln mit dem Feeder ist stark im Kommen. Wenn beim Grundangeln weitere Würfe nötig sind, bietet sich als Alternative die Dreieinhalb-Meter-Feeder-Rute mit Wechselspitzen an; dazu passt am besten eine Stationärrolle mit Schnurclip. Mit ein wenig Geschick lässt sich der Futterkorb immer an derselben Stelle positionieren: Man wählt zuerst die Entfernung, in der man angeln und zugleich anfüttern will, und steckt diese Distanz (z. B. 30 Meter/40 Meter/50 Meter) am Ufer mit zwei Stöckchen ab, damit man immer die gleiche Wurfweite mit dem Schnurclip an der Rolle einstellen kann.
Besonders wichtig ist, dass Sie nach dem Wurf die Schnur aus dem Clip lösen, sonst reißt Ihnen womöglich ein überraschend beißender Karpfen die komplette Montage ab und verjagt damit alle anderen Fische. Diese Möglichkeit sollte man nicht unterschätzen.

Tipp 16
Lösen Sie nach dem Wurf die Schnur aus dem Clip.

Das Anfüttern

Als Nächstes suchen Sie sich einen Peilpunkt am anderen Ufer, damit Sie die Wurfrichtung jederzeit nachvollziehen können. Der Futterkorb dient als Wurfgewicht und Futterlieferant. Wollen Sie große Mengen vor dem eigentlichen Angelbeginn anfüttern, empfiehlt es sich, große Cage-Feeder (Drahtfutterkörbe) mit 100 bis 200 Gramm feuchter Maden-/Teigfüllung zum Vorfüttern hinauszukatapultieren – für schwere Körbe ist allerdings eine Brandungsangel mit ausreichend Schlagschnur auf der Rolle nötig, weil das Rückgrat der Feeder-Rute damit überbeansprucht wäre.

Tipp 17
Merken Sie sich immer einen oder mehrere Peilpunkte am anderen Ufer.

Der Einsatz der Feeder-Rute

Wenn die Brandungsrute für den Futterteppich gesorgt hat, kommt die Feeder-Rute zum Einsatz, wobei beim Distanzfischen eine 0,10er-Dyneema-Schnur Vorteile bei der Bissübertragung auf die sensible Rutenspitze besitzt; eine 0,20er dehnungsarme Monofil-Schnur eignet sich aber auch gut. Wichtig ist in jedem Fall eine wellenförmige Kunststoff-Rutenauflage, um den richtigen Spannungsbogen der Bib-

Tipp 18
Für die Feeder-Rute brauchen Sie eine wellenförmige Kunststoff-Rutenauflage.

Tipp 19

Wenn die Fische misstrauisch geworden sind, wechseln Sie den Futterkorb gegen ein Birnenblei aus, das Sie bei einer Beißflaute mit dem Köder ganz langsam Zentimeter für Zentimeter über den Grund ziehen. Brassen mögen nämlich bewegte Köder.

berspitze einzurichten, die nur leicht gebogen sein darf, um die feine Bissanzeige nicht zu erschweren. Ein 10er bis 12er–Haken mit vier Maden am 0,12er bis 0,18er-Vorfach ist ideal. So müsste es klappen.

Arten von Futterkörben

Drahtkörbe Körbe aus Draht in verschiedenen Größen sind in den meisten Situationen einsetzbar. Sie lassen sich gut werfen und man kann das feuchte Futter (Maden/Teig) leicht eindrücken. Am Gewässergrund löst sich das Futter schnell und verteilt sich, der leere Korb leistet beim Anhieb keinen Widerstand.

Kunststoffkörbe Verschraubbare Kunststoffkörbe (Maden-Feeder) mit Löchern für trockeneres, lockeres Futter oder Maden sind bei hängerträchtigem Grund und vorsichtig beißenden Brassen von Vorteil, beim Anhieb allerdings wegen des Widerstandes etwas nachteilig. Um weniger Maden freizugeben, kann man einige Löcher mit Klebeband abdichten; um mehr Maden freizusetzen, bohrt man mit der Spitze einer Schere die Löcher je nach Bedarf größer.

Plastikfeeder ohne Löcher Gern benutzt wird auch ein an den Enden offener Plastikfeeder ohne Löcher. Hier wird wie bei einem Rohr der Inhalt (Maden, Wurmstückchen) durch eine feuchte Teigmischung an beiden Enden »abgedichtet«. Hat sich der Teig gelöst, löst sich eine regelrechte Futterbombe. In einem stark strömenden Gewässer sind eckige Futterkörbe mit länglicher, flacher Bleieinlage günstig. Für weite Würfe hingegen ist ein Futterkorb aus Plastik mit Bleigewicht am Ende ideal. Den Feeder befestigt man an einem langen Casting-Boom mit Wirbel; das hilft Verwicklungen der Schnur zu vermeiden.

Futterkorb am langen Anti-Tangle-Boom.

Der Döbel

Der Döbel ist ein vorsichtiger, scheuer Fisch, der gern gesellig im Schwarm lebt. Er fühlt sich in allen Gewässern wohl, zieht aber leicht strömendes Wasser von Bächen, Kanälen, Flüssen und Plätze unterhalb von Wehren vor. Hier steht er oft ufernah unter überhängenden Bäumen und Büschen. Im Sommer »sonnt« er sich gerne an der Oberfläche, während er im Winter tiefere Gumpen aufsucht.
Gute Beißzeiten sind die Morgen- und Abenddämmerung – dann geht der Allesfresser auf Pirsch und ist wenig wählerisch, egal ob ihm nun Mais, Made, Wurm, Brot oder Fleisch angeboten wird. Große Döbel nehmen sogar Kirschen und Weintrauben. Der auch »Dickkopf« genannte Fisch mit seinen netzartigen Weißfischschuppen erreicht häufig ein Gewicht von etwa zwei Pfund, Fünfpfünder gelten als kapital. Der Döbel reagiert auf Störungen am Gewässer besonders empfindlich. Ein Angler, der hastige unbedachte Bewegungen macht oder dessen Schattenprofil auf die Wasseroberfläche fällt, vergrämt die Fische in weitem Umkreis. Auch anfüttern sollte man während des Angelns nicht. Der Angler, der aus guter Deckung heraus auf Dickkopfjagd geht, kann das ganze Jahr über gute Beute machen.

Tipp 20
Um beim scheuen Döbel Erfolg zu haben, sollten Sie sich geschickt anschleichen.

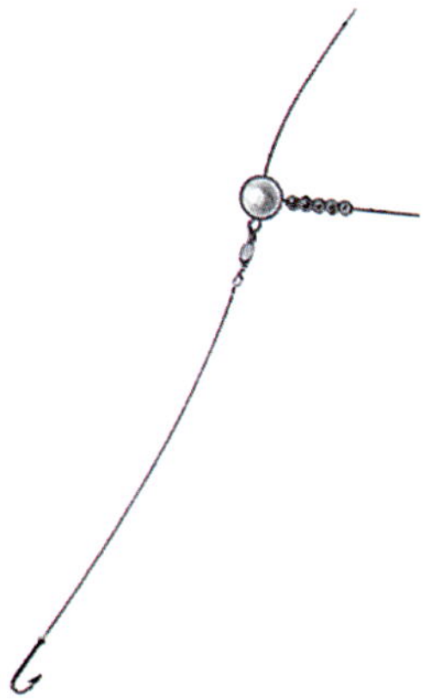

Grundmontage an Leger-Bead.

Döbel angeln im Jahreslauf

Je nach Jahreszeit sollte man für den Fang des Döbels die entsprechende Angeltechnik anwenden.

Der Döbel ist ein scheuer Schwarmfisch.

Fang im Frühjahr und Herbst Drei Methoden haben sich bewährt: Mit sensibler Pose (bis fünf Gramm) an der Matchrute sucht man verschiedene Tiefen ab. Stehen die Fische in Grundnähe, wählt man am besten eine langsam abtreibende Klemmbleimontage am Leger-Bead. Als Köder eignet sich die ganze Palette von Mais über Käse bis Wurm; an der Posenangel bietet man allerdings Weißbrotkruste an. Es genügt eine 0,20er–Hauptschnur.
An tieferen Fließgewässern bringt eine kleine, über Grund rotierende Turbine – der Spin-N-Glow – überraschend gute Erfolge. Dabei sollten am nadelscharfen kleinen Drilling Wurmstückchen aufgesteckt und das Gerät mit einer Bleibeschwerung (ab 20 Gramm) vor dem 80-Zentimeter-Vorfach (0,20er) versehen werden.

Tipp 21
Brotköder können vielseitig eingesetzt werden: schwimmend, knapp über Grund am Klemmblei oder im Mittelwasser an leichter Pose.

Fang im Winter In der kalten Jahreszeit steht der Döbel gewöhnlich im 2 bis drei Meter tiefen Wasser am Grund. Weil er dann nicht sonderlich aktiv ist, sucht man ihn am besten mit einer fest liegenden Seitenbleimontage an der Bibberspitzenrute an Strömungskanten und in Gumpen.

Fang im Sommer Wenn die Sonne in der Mittagsstunde vom blauen Himmel lacht, sind Döbel kaum zu überlisten. Angeln Sie deshalb morgens und abends. Gute Plätze sind dann schattige Uferpartien, Strömungskanten und Wasserwirbel. Oft verraten die Fische ihren Standort, indem sie an die Oberfläche hochsteigen.

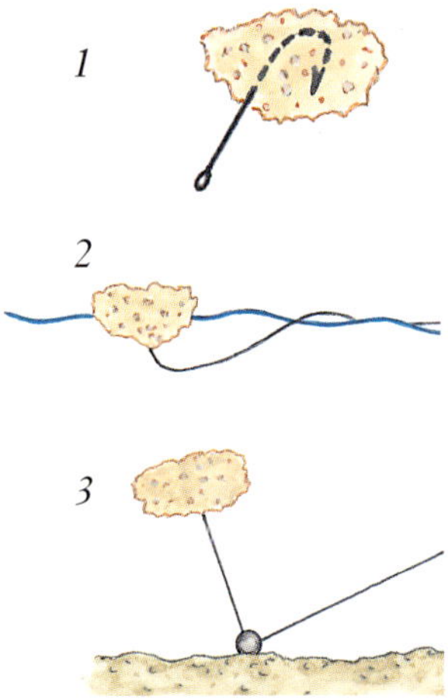

1. Kruste mit Haken
2. Schwimmende Kruste
3. Kruste mit Klemmblei am Grund

Die besten Köder für Döbel

Anfüttern mit etwas Mais erhöht die Fangchancen erheblich. In Bächen sollte man den Mais- oder Madenköder an freier unbeschwerter Schnur auf die Fische zutreiben lassen. In der warmen Jahreszeit ist Brot einer der besten Köder. Es kann schwimmend, knapp über Grund am Klemmblei oder in Mittelwasser an leichter Pose angeboten werden. Weißbrotkruste hält gut am Haken, besitzt Auftrieb und wird vom Döbel gern eingeschlürft. Allerdings muss bei jedem Auswurf neu beködert werden.

Der Karpfen

Der in unseren Breiten als Angelfisch äußerst beliebte Karpfen ist ein ausgesprochener Warmwasserfisch. An sommerlichen Tagen steigt der Karpfen, der sein Maul rüsselartig vorschieben kann, sogar zur Oberfläche und nimmt ein Sonnenbad. Der Karpfen liebt erwärmte Flachwasserbereiche, wo er bei Wassertemperaturen um die 20 Grad im Mai und Juni über Pflanzenbewuchs und vor Schilfgürteln ablaicht. Viele Karpfen in unseren Gewässern stammen jedoch aus künstlicher Zucht. Der schnell wachsende Fisch zieht in Trupps umher und ist vor allem von März bis Oktober sehr aktiv; im Winterlager bewegt er sich dagegen kaum; dann muss man als Angler seine Standplätze schon genau kennen und viel Geduld mitbringen, um erfolgreich zu sein. Aber an Warmwassereinleitern von Kraftwerken kann man ihn selbst im Winter gut fangen.

Karpfen sind bei Anglern und Feinschmeckern gleichermaßen beliebt und werden daher in großem Stil gezüchtet.

Es gibt vier Zuchtformen:

- Schuppenkarpfen (völlig beschuppt)
- Zierkarpfen (nur die Seitenlinie ist beschuppt)
- Spiegelkarpfen (wenig beschuppt)
- Lederkarpfen (schuppenlos)

Kommt der Frühling, erwacht sein Appetit auf Würmer, Schnecken und Larven, er nimmt aber auch gern vom Angler angebotenes Futter wie Mais, Teig, Brot oder Boilies. Dennoch unterzieht er mit seinen vier Barteln und seinen vielen Geschmackszellen im Maulbereich jeden angebotenen Köder einer genauen Prüfung.

Der Karpfen fühlt sich in warmem Wasser am wohlsten.

Standplätze des Karpfens

Der Karpfen mag ruhige Gewässerstrecken mit schlammigem oder krautreichem Grund, wie er sie in Staubereichen und Buchten vorfindet. Im Fließgewässer bevorzugt er Standplätze zwischen Buhnen oder ruhiger strömendes Wasser, besonders am Ende von Außenkurven. Stehen Bäume am Ufer oder hängt Gebüsch über die Wasseroberfläche, hält er sich auch sehr gerne im Schatten des Pflanzendaches auf.
Die Dämmerung, die Nacht und im Sommer der Morgen sind die besten Angelzeiten. Dann ziehen die Karpfen in Ufernähe die Kanten entlang. Manchmal verraten sich die Fische durch aufsteigende Blasen, aufgewühlten Schlamm, durch Springen und Rollen an der Oberfläche oder durch sich leicht bewegende Schilf- oder Binsenhalme. Wenn der Karpfen im flachen Wasser auf Nahrungssuche geht, schieben sie nicht selten eine Bugwelle vor sich her. Kapitale Karpfen werden über 20 Pfund schwer, Rekordexemplare erreichen die 50–Pfund-Marke.

Das richtige Angelgerät für den Karpfenfang

Tipp 22
Beim Karpfenangeln bringt eine Freilaufrolle viele Vorteile.

Rute Um es gleich zu sagen: Die Allroundrute für Karpfen gibt es nicht. Der Angler, der die Festbleimethode bevorzugt und 60 bis 150 Gramm-Bleie (Tropfenform) ins Gewässer hinauskatapultieren will, benötigt eine kräftige, dreieinhalb bis vier Meter lange Rute mit einer Testkurve von zwei bis drei lbs und durchgängiger Aktion, um auf Weite zu kommen.
Schnur Beim Distanzangeln und in hindernisreichen Gewässern hat eine 0,16er bis 0,18er–Geflechtschnur auf einer konisch zulaufenden Weitwurfspule Vorteile. Bei beabsichtigten »Gewaltwürfen« muss dabei unbedingt eine etwa zehn Meter lange geflochtene oder monofile Schlagschnur (15 bis 20 Kilogramm Tragkraft je nach Bleigewicht) vorgeknüpft werden. Ansonsten genügen 200 Meter einer dehnungsarmen 0,30er-Hauptschnur, die je nach Gewässer und zu erwartender Fischgröße eine 0,20er bzw. 0,35er sein kann.

Rolle Zum Karpfenangeln ist eine Freilaufrolle ideal; der Fisch kann bei geschlossenem Bügel ungehindert Schnur nehmen. Der Abzugswiderstand ist auf Wind und Strömung einstellbar. Durch Betätigen der Kurbel schaltet sich das Freilaufsystem automatisch aus und man schlägt bei gestraffter Schnur an.

Tipp 23
Erst wenn die Schnur sich strafft, darf der Anhieb gesetzt werden.

Rod Pods Während des Ansitzes legt man die Angeln auf einem so genannten Rod Pod, einem Rutenauflagenhalter für zwei bis fünf Ruten, ab. Dieses Rutenauflagesystem kann sehr teuer sein, wenn es aus Edelstahl besteht, teleskopisierbare Beine hat, sowie mit elektronischen Bissanzeigern, Sounderbox (akustische Bissanzeige) und Linedancern (optische Bissanzeiger) ausgestattet ist. Der Linedancer ist ein guter Pendelbissanzeiger, der auf der Schnur sitzt und der nach oben (Fluchtbiss) und nach unten (Fallbiss) schwingt. Ein stabiles Rod Pod ist auch zum Welsangeln, ja sogar zum Brandungsangeln verwendbar. Aber, ganz ehrlich gesagt: Wer nur ab und zu auf Karpfen ansitzt oder eine Aversion gegen zu viel Technik hat, für den funktioniert erfolgreiches Karpfenangeln auch ohne aufwändiges, teures Zubehör. Wer die Ruhe am Gewässer auch ohne elektronisches Gepiepse genießen will, der hat Alternativen: Zwei einfache Erdspeere in den Boden gesteckt, die Rute abgelegt, die Bremse nicht zu weich eingestellt und Sie sehen an der Schnur und der Rutenspitze (bei Fallbissen) und hören am Kreischen der Bremse, dass ein Karpfen den Köder genommen hat. Beim Nachtangeln muss man zwischen Rolle und erstem Rutenring einen Fallbissanzeiger mit Knicklicht einhängen.
Wer beim Nachtangeln jedoch mit der Zeit schläfrig wird, für den ist ein auf den Erdspeer aufgeschraubter elektronischer Bissanzeiger bequemer.

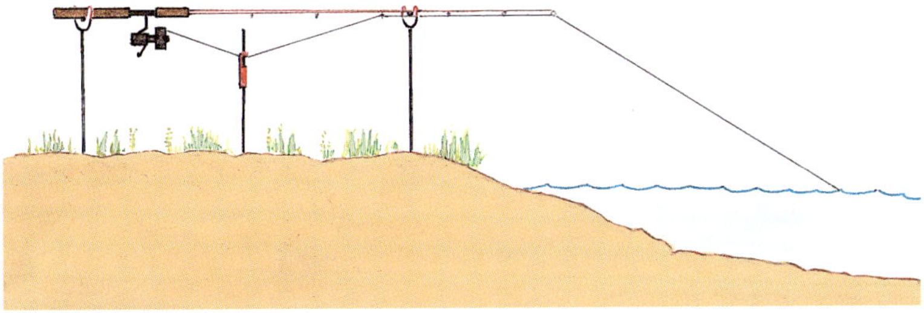

Tipp 24
Die Anschaffung eines Rod Pods zahlt sich aus, es ist überall aufstellbar.

Die besten Köder für den Karpfen

Tipp 25
Kombinieren Sie ein schwimmendes mit einem sinkenden Boilie. Dadurch wird dieser Köder bestens ausbalanciert und vom Karpfen besonders leicht eingesaugt.

Klassische Karpfenköder wie Teig, Kartoffeln, Brotkruste und Würmer sind angesichts der zunehmenden Verwendung von Boilies etwas in Vergessenheit geraten. Die meisten Karpfen werden heutzutage auf Boilies gefangen – das sind kleine, harte, nährstoffreiche Futterkugeln, denen Geschmacksstoffe beigemengt sind. Da Karpfen Schleckermäuler sind, sprechen sie übrigens besonders gut auf die Vanille- oder Tutti-Frutti-Version der 14 bis 30 Millimeter großen Köder an. Aber auch andere Geschmacksrichtungen führen zum Erfolg. Andere Weißfische haben wegen der Härte dieses Köders kaum eine Chance, sich an ihm zu vergreifen – deshalb schätzen ihn viele Petrijünger besonders. Der Köder kann einige Stunden am Angelplatz verbleiben; eine häufige Hakenkontrolle – verbunden mit viel Unruhe am Fangplatz – würde die vorsichtigen Fische abschrecken.
Boilies können sehr variabel mit der so genannten Haarmethode (siehe Seite 30) präsentiert werden. So kann man selbst an verkrauteten, schlammigen oder unbekannten Gewässern sehr erfolgreich das Pop-Up-Boilie mit Auftrieb einsetzen; das Klemmblei bestimmt dabei die Steighöhe.

Schwimmendes Boilie mit Silikonschlauch fixiert.

Wie Sie Karpfen richtig anfüttern

Wenn man bereits weiß, wo die Fische stehen, genügt oft schon einmaliges Anfüttern. Ansonsten sollte man die Fische durch mehrtägiges Füttern an den Angelplatz gewöhnen.

Tipp 26
Gewöhnen Sie die Fische durch mehrtägiges Anfüttern an Ihren Angelplatz.

Die Kombination von Boilies und Futtermais

Da das Anfüttern mit Boilies eine recht teure Angelegenheit werden kann, kombinieren Sie idealerweise 30 Boilies mit gequollenem oder gekochtem Futtermais – das senkt die Kosten und mundet dem Karpfen vorzüglich. Futtermais erhalten Sie übrigens ganz billig im landwirtschaftlichen Futterhandel: Ein Kilogramm Hartmais kostet weniger als einen Euro.

Soll der Futtermais weich werden, füllen Sie ein Kilogramm Hartmais und zwei Liter Wasser in einen Schnellkochtopf. Beachten Sie bitte: Der Mais quillt auf und vergrößert sein Volumen – deshalb den Topf nur bis zur Hälfte füllen. Kochen Sie den Mais etwa 20 Minuten und lassen Sie ihn anschließend noch zwei Stunden auf der abgeschalteten Herdplatte abkühlen, dann ist er weich. An weichen Körnern sind allerdings auch Weißfische interessiert, was beim Angeln lästig ist. Deshalb sollte der Hakenköder etwas härter sein. Dies erreichen Sie dadurch, indem Sie den Futtermais über Nacht einfach in kaltem Wasser in einem Eimer quellen lassen – dann ist er härter und für Weißfische schwerer zu knacken. Legen Sie dann zwei Ruten aus – eine mit Boilie und die andere mit drei bis vier Maiskörnern am Haar. Um Boilies und den harten Mais am Haar anbieten zu können, muss mit dem Boilie-Bohrer ein kleiner Kanal durch diese Hartköder gebohrt werden. Zuerst werden die Weißfische angelockt, aber in deren Gefolge auch die Karpfen.
Anfüttern erhöht die Fangchancen fundamental. Ich füttere entweder am Abend vorher bei zwei Angelstellen an oder lege eine Boilie-Spur von etwa 100 Metern aus etwa 50 Boilies und Mais parallel zum Ufer. Der Hakenköder wird dann ungefähr in der Mitte dieser Linie platziert.

Tipp 27
Wer mit Boilies anfüttert, kann mit einem im Handel erhältlichen speziellen Wurfrohr weiter werfen, beim Anfüttern mit Mais hilft ein größerer Löffel eines Salatbestecks.

Wasserlösliche PVA-Schnur

Die wasserlösliche PVA-Schnur stellt eine besonders raffinierte Anfüttermethode dar. Füttern Sie am PVA-Haar fünf Boilies an und am »richtigen« Haar ein bis zwei Boilies. Die PVA-Schnur löst sich auf, und die Lockköder liegen direkt bei den Haken-Boilies.

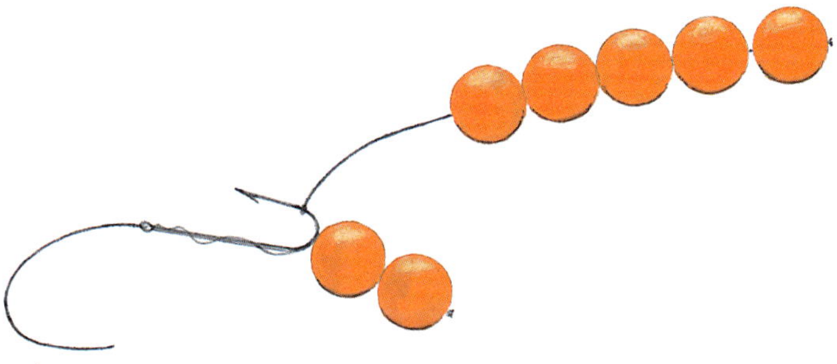

Raffinierte Methode zum Anfüttern: Fünf Boilies an einer sich auflösenden PVA-Schnur.

Die besten Angeltechniken für Karpfen

Tipp 28
Wählen Sie die Haarlänge so, dass der Köder den Hakenbogen gerade noch berührt oder sich einen Zentimeter unter dem Hakenbogen befindet.

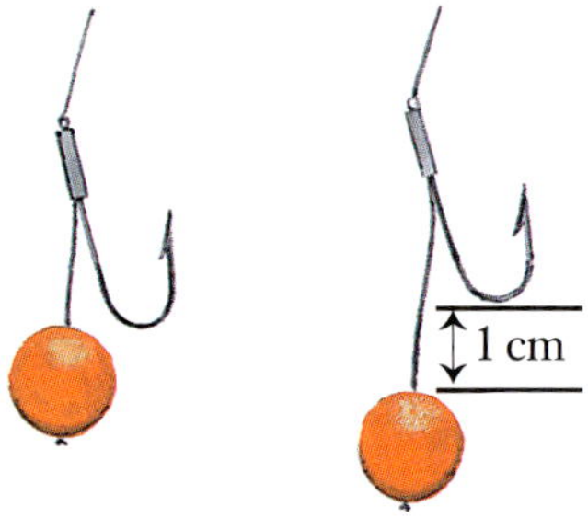

In den siebziger Jahren kam man auf die Idee, Köder nicht direkt auf den Haken aufzustecken, sondern sie auf einem dünnen Stück monofiler Schnur (0,10er bis 0,18er), das im Hakenöhr gebunden wurde, aufzufädeln und so dem Karpfen anzubieten. Und siehe da – die Fangerfolge stellten sich rasch ein: Die so angebotenen Köder wurden von den Karpfen gern genommen, und der unbeköderte Haken fasste im Maul besonders gut. In das Ende einer »Haarschnur« wird eine kleine Schlaufe geknotet; abschließend zieht man diese mit der Ködernadel durch einen Boilie oder drei bis vier Hartmaiskörner. Die Schlaufe ist für einen Boilie-Stopper, der den Köder auf dem Haar fixiert.
Immer mehr Karpfenangler binden heute Haar und Vorfach aus einem Stück weicher geflochtener Schnur, die schnell sinkt. Sie lassen ganz einfach ein Stückchen Schnur mit Schlaufe für das Haar am Hakenöhr überstehen, ziehen das Vorfach mit einer ausgetüftelten Schnurwicklung durch das Öhr, ziehen ein Stückchen Silikonschlauch darüber und befestigen ein Vorfachende am Wirbel.
Noch ein Hinweis: Für ein 20-Millimeter-Boilie empfiehlt es sich, einen 3er bis 4er-Haken, für ein 14-Millimeter-Boilie einen 6er bis 8er-Haken zu nehmen.

Raffinierte »Haarschnur« mit Schleife

- Knoten Sie eine kleine Schlaufe für den Boilie-Stopper.
- Führen Sie dann das freie Ende von außen nach innen durch das Hakenöhr und lassen Sie das Haar in der gewünschten Länge stehen.
- Wickeln Sie mit dem freien Ende mehrmals um den Hakenschenkel und fädeln Sie das freie Schnurende nach innen durch das Öhr.
- Ziehen Sie zum Schluss den Knoten fest.

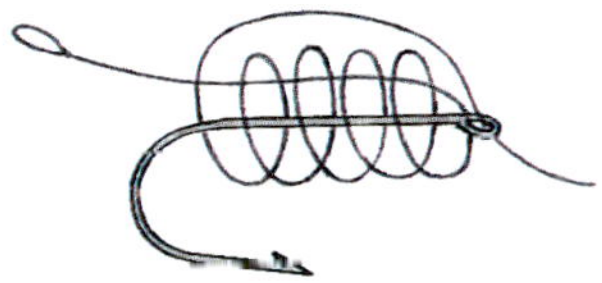

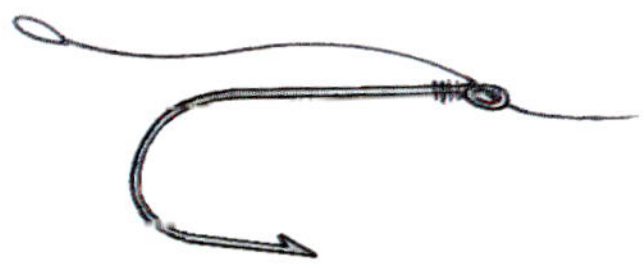

Die Selbsthakmethode

Die am häufigsten angewandte Angeltechnik ist die Selbsthakmethode. Dafür befestigt man das 15 bis 30 Zentimeter lange Vorfach aus weicher sinkender Geflechtschnur an einem Wirbel. Auf die Hauptschnur fädelt man ein 60 bis 150 Gramm schweres Kugelblei, das auf einem Stückchen Silikonschlauch sitzt, um die Schnur zu schonen. Dieses Kugelblei wird durch einen Stopper zum Festblei.
Den Bleistopper kann man nun direkt hinter dem Blei befestigen, oder aber man lässt den Karpfen mit Schwung in das Blei laufen, indem man den Stopper ein gutes Stück hinter einem Durchlaufblei anbringt. In beiden Fällen hakt sich der Fisch selbst, sobald das Blei durch seine Flucht auf den Stopper trifft. Hängen Sie das Blei in ein Safety Bolt Rig ein, kann es sich bei einem Hänger aus der Verankerung lösen, so dass entweder der Angler bei einem Bleihänger den Fisch wieder frei bekommt oder aber der Karpfen bei Schnurbruch das lästige Blei loswerden kann.

Tipp 29
Befestigen Sie den Bleistopper direkt hinter dem Blei – und der Karpfen hakt sich selbst.

Festbleimontage mit Silikon-Tube

Weil sich beim Bruch der Hauptschnur der Karpfen vom Blei, das er sonst im Schlepp hätte, befreien kann, empfiehlt sich für weitere Würfe folgende Spezialmontage, die ich von englischen Angelexperten übernommen habe:
Dabei benutzt man ein Blei mit Innenführung, das man mit einem Stück einer Silikon-Tube (Durchmesser: zwei Millimeter) versieht. Dieses Schlauchstück wird dann über das Wirbelöhr gezogen, so dass man eine Festbleimontage erhält. Um bei Weitwürfen Schnurverwicklungen zu vermeiden, zieht man einen zusätzlichen Silikonschlauch (Durchmesser: etwa ein Millimeter) auf die Hauptschnur, der etwas länger sein sollte als das Vorfach. Ein kleiner Schnurstopper fixiert diesen Anti-Tangle-Schlauch und macht die Montage komplett.

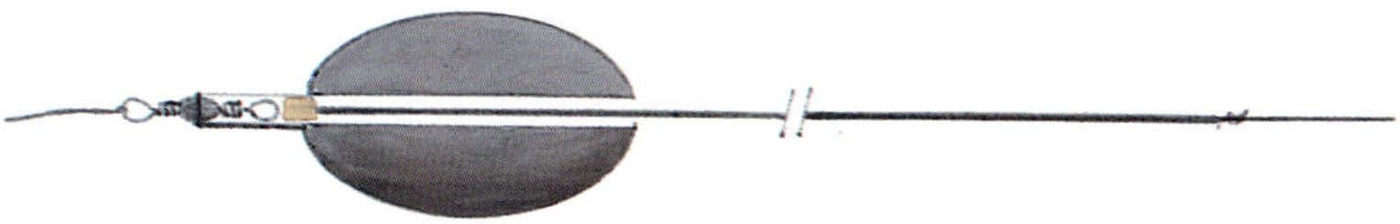

Festbleimontage, die von einem englischen Angelexperten »abgeschaut« wurde.

»Außenseiter«-Montagen

Tipp 30
Fetten Sie Ihre Angelschnur vor dem Angeln mit Schwimmbrot ein, so dass sie schwimmt.

An schönen Sommer- oder Herbsttagen sieht man manchmal buckelnde Karpfen, die ab und zu schmatzend Nahrungspartikel einsaugen. Diese Karpfen zu überlisten ist für einen Angler eine Herausforderung. Es gibt dafür mehrere Methoden, auf die wir hier kurz eingehen wollen.

Oberflächenmontage Anfüttern mit Brot ist wichtig. Werfen Sie aber die Fische nie direkt an, das vertreibt sie nur. Ideal ist es, wenn die Brotstückchen etwas von den Karpfen entfernt eingeworfen werden und auf diese zutreiben. Angeln Sie ruhig in Ufernähe, aber immer optimal getarnt! Den Haken verstecken Sie in einem Stück Weißbrot mit Kruste, das sie vorher einige Stunden in einer Plastiktüte aufbewahren sollten. So wird es nämlich schön zäh und hält gut am Haken. Fetten Sie vor dem Angeln die Hauptschnur bis in die Nähe des Hakens, damit sie schwimmt.
Wenn der Karpfen den Köder probiert, verlieren Sie nicht die Geduld, sondern warten Sie mit dem weichen Anhieb, bis die Schnur gespannt ist. Diese Angelmethode ist sicher die aufregendste beim Karpfenangeln.

Tipp 31
Wollen Sie größere Wurfweiten erreichen, hilft Ihnen ein Controller, eine Pose mit Bleieinlage. Der Controller hält die Schnur an der Oberfläche und dient gleichzeitig als Bissanzeiger.

Angeln im Flachwasserbereich An freier Schnur kann man nicht nur an der Oberfläche angeln, sondern auch in Ufernähe im Flachwasserbereich. Dabei fetten Sie die Schnur bis ca. 1,5 Meter vor dem Haken ein, wodurch die schwimmende Schnur zu einem optimalen Bissanzeiger wird. Der Köder kann am Haar oder direkt am Haken angeboten werden.

Liftmethode Natürlich wird man die Karpfen auch mit der Pose überlisten. Am besten scheint mir dabei die Liftmethode zu sein. Ich verwende eine Durchlaufpose, die ich mit Bleischroten genau ausbleie. Das letzte Bleikügelchen liegt dabei auf dem Grund auf. Erfolgt ein Biss, schiebt sich die Posenantenne aus dem Wasser, dann ist es Zeit anzuschlagen.

Das Rotauge

Das Rotauge, auch Plötze genannt, ist ein Schwarmfisch, der in fast allen Gewässern anzutreffen ist. Der Silberling erreicht eine durchschnittliche Größe von etwa 15 Zentimetern, kann aber bis zu 40 Zentimeter lang werden und ein Gewicht von über einem Kilogramm erreichen.

Das Rotauge findet sich in den meisten Gewässern.

Wann das Rotauge am besten beißt

Für den Angler ist der Weißfisch mit der rötlichen Flosse eine dankbare Beute, die das ganze Jahr über gefangen werden kann. Häufig ist der Fisch an der Scharkante, der Buhne und auf derjenigen Uferseite zu finden, auf die der Wind steht – hier gibt es sauerstoff- und nahrungsreiche Plätze. Mais, Made, Teig und Wurm werden von der Plötze gerne genommen, auch Cocktailköder (Made, Mais) führen schnell zum Fangerfolg. Wollen Sie einen Schwarm an den Angelplatz locken, müssen Sie unbedingt anfüttern. Ab Sonnenuntergang und in der Dämmerung können Sie dann wahre Beißorgien erleben.

Wenn Sie gut angefüttert haben, können Sie ab Sonnenuntergang eine wahre Beißorgie erleben.

Wie Sie Rotaugen richtig anfüttern

Zunächst einmal ist Anfüttern unverzichtbar, um die Fische an den Angelplatz zu locken und dort zu halten. Am See oder Teich verwenden Sie dazu lockere, leicht befeuchtete Futterballen, die an der Oberfläche zerplatzen und am Grund einen Futterteppich bilden, der die Fische nicht zu schnell sättigt. Um lockere Futterkugeln zu erhalten, geben Sie der Paniermehlgrundsubstanz etwa 15 Prozent Maisgrieß oder Weizenkleie zu.

Tipp 32
Beachten Sie, dass der Köderteig nicht klebt oder klumpt – geben Sie deshalb nur nach und nach Wasser zu.

Beachten Sie: In der Strömung muss das Futter schwerer sein und langsamer zerfallen. Deshalb verzichten Sie auf auflockernde Substanzen und ersetzen diese durch etwa 15 Prozent feinkörnigen Kies. Wichtig ist, dass der Teig nicht klebt oder klumpt! Fertigen Sie den Paniermehlteig, indem sie vorsichtig Wasser zugeben, bis fast (!) die gewünschte Festigkeit erreicht ist. Bedenken Sie, dass Paniermehl nachquillt und sich die Konsistenz dadurch nachträglich noch verändert. Nach meiner Auffassung ist die richtige Konsistenz wichtiger, als verschiedene Lock- und Zusatzstoffe hinzuzugeben. Im Fachhandel wird gutes Fertigfutter angeboten, das speziell auf die Geschmackvorlieben der verschiedenen Weißfischarten abgestimmt ist – Rotaugen beispielsweise mögen besonders gern den Anisgeschmack. Ich strecke dieses Futter aber, indem ich im Verhältnis 1:1 Paniermehl zugebe. Sind die Fische angelockt, füttere ich alle paar Minuten eine Kleinportion von zehn Maden oder Castern (verpuppte Maden) mit der Madenschleuder nach – je nachdem, welchen Köder ich am Haken anbiete.

Rotaugen lieben den Geschmack von Anis.

Was Sie beim Posenangeln beachten sollten

Ist der Angelplatz durch Anfüttern entsprechend präpariert, kommt in Ufernähe die Dreieinhalb-Meter-Matchrute mit leichter Antennen- oder Wagglerpose (ein bis drei Gramm Tragkraft) zum Einsatz. Auf die kleine Stationärrolle werden 150 Meter einer 0,15er-Schnur gespult. Angelt man mit einem 30-Zentimeter-Vorfach, wählt man dieses etwas schwächer als die Hauptschnur. Ausgebleit wird die Pose so, dass gerade noch die Spitze zu sehen ist. Der Köder – zwei bis drei Maden am 14er- bis 18er-Häkchen – soll langsam und verführerisch bis knapp über Grund herabfallen und nicht wie ein Stein zum Grund sausen. Rotaugen nehmen den Köder dann gerne bereits im Absinken; der Angler registriert den Biss an der etappenweise tiefer gehenden Pose.

Tipp 33
Wenn der Köder langsam zum Grund absinkt, wird er oft schon genommen, bevor er am Grund liegen bleibt.

So bebleien Sie

Drücken Sie vor und hinter der Öse der Wagglerpose zwei größere Klemmbleie an, so dass diese gleich nach dem Wurf senkrecht steht. Schieben Sie aber zuvor zwei kurze Plastikschlauchstücke auf die Schnur und klemmen Sie die Bleischrote darauf fest. So schonen Sie die Schnur, wenn Sie die Klemmbleie verschieben müssen. Auf halber Wassertiefe befestigen Sie ein weiteres Klemmblei und etwa 30 Zentimeter über dem direkt an die Hauptschnur gebundenen Haken ein weiteres kleines Blei, das den Biss frühzeitig meldet.
Angeln Sie an der Strömungskante, dann lassen Sie den Köder in der parallel zum Ufer angelegten Futterspur abtreiben. Der Abstand von der Pose zum Haken sollte etwas größer sein, als das Wasser tief ist. Angeln Sie verzögert, damit Bewegung in den Köder kommt. Halten Sie in kurzen Abständen die Schnur an, so stoppt die Pose und der Köder treibt auf. Bei diesem verzögerten Angeln nehmen die Fische den bewegten Köder bevorzugt beim Absinken (siehe Seite 34).

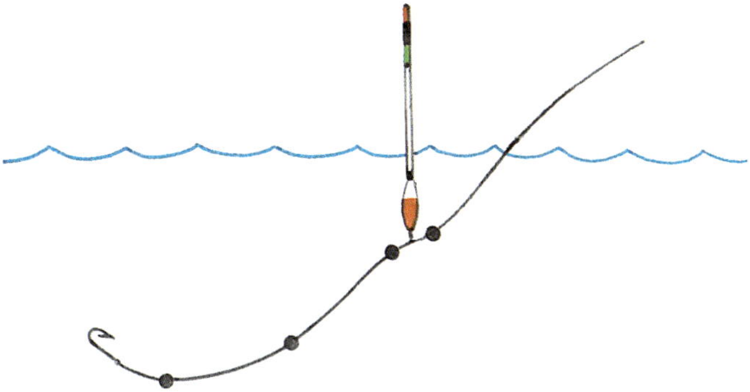

Wagglerpose mit Bleischroten befestigt und ausgebleit.

Rotaugen angeln mit der Winklepicker-Rute

Rotaugen kann man auch gut mit der Winklepicker-Rute (Bibberspitze) angeln. Ihr Vorteil ist, dass sie selbst vorsichtige Zupfer am Köder anzeigt (siehe hierzu die Beschreibung der Angeltechnik für den Brassen auf den Seiten 19–22).

Rotaugen angeln mit dem Futterkorb (Feeder)

Tipp 34
Kaufen Sie eine Feeder-Rute mit auswechselbaren Spitzen.

Wird in größerer Entfernung, bei Wind oder in starker Strömung geangelt, können Futterkörbe den Fangerfolg erheblich verbessern. Dazu braucht man eine Feeder-Rute, die längere und stärkere Schwester des leichten Winklepickers. Sie sollte 3,3 bis 3,9 Meter lang sein und zwei oder drei austauschbare Spitzen unterschiedlicher Steifheit aufweisen. Mit ihr lassen sich Futterkörbe (Feeder) zwischen 30 Gramm und 150 Gramm werfen. Wichtig ist, den Korb so zu wählen, dass er gerade noch liegenbleibt.

Vorbereitung Den Feeder kann man beispielsweise mit Maden füllen; dabei kommen nicht zu viele Maden in den »durchlöcherten Plastik-Futterkorb«. Füllen Sie lieber weniger Maden ein und wechseln Sie sie dafür öfters aus. Damit der Korb und das Futter immer an der gleichen Stelle landen, befestigt man die Schnur nach dem ersten Auswurf am Schnurclip der Rolle – so erzielt man immer die gleiche Wurfweite.

Befinden sich Karpfen im Gewässer, lösen Sie die Schnur nach dem Wurf sofort aus dem Clip – sonst ist die gesamte Montage verloren.

Die Wurfrichtung anpeilen Wenn Sie sich nach dem Wurf noch einen markanten Peilpunkt am anderen Ufer (Stein, Busch, Baum, Grasbüschel) merken, stimmt auch die Wurfrichtung. Legen Sie dann die Rute (wie beim Pickerangeln) ab und denken Sie daran, ab und zu den Köder langsam einige Zentimeter über den Grund heranzukurbeln, denn Rotaugen lieben bewegte Köder.

Material Für die Feeder-Rute verwendet man entweder eine dehnungsarme 0,20er-Hauptschnur oder – noch besser – eine 0,10er geflochtene Hauptschnur. Die 14er- bis 16er-Haken werden an ein 12er-Vorfach gebunden.

Einhängen des Futterkorbes Den Futterkorb befestigen Sie per Wirbel nahe am Knoten eines aufgeschnittenen Seitenarmknotens (siehe die Seiten 11 und 12). Ebenso ist das Einhängen des Futterkorbes in einen Casting-Boom möglich. Auswechselbare Bleigewichte am Ende des Korbes ermöglichen es, auch weiter entfernt liegende Erfolg versprechende Stellen anzuwerfen.

Feeder am geknüpften Seitenarm.

Die Schleie

Die Schleie gehört zu den karpfenartigen Fischen, die schlammige Bodenregionen in krautreichen Seen und Buchten oder Flussbereiche mit schwacher Strömung bevorzugt. Schleien kann man am erfolgreichsten ab Mai früh morgens angeln. Dann suchen die Fische mit ihren wulstigen Lippen am Grund nach Schnecken und Insektenlarven. Häufig verraten sie sich dabei durch kleine Gasbläschen, die beim Gründeln aufsteigen. An warmen Frühjahrs- und Herbsttagen hingegen kann man den Grundfisch vorzugsweise nachmittags und in der Abenddämmerung überlisten. Die Bartelträgerin hält sich vorzugsweise in flachem, warmem Wasser von einem bis drei Metern Tiefe auf und ist in der kalten Jahreszeit kaum an den Haken zu locken.

Tipp 35
Planen Sie einen Schleienansitz im Sommer zwischen fünf und sieben Uhr morgens.

Schleien angeln mit der Pose

Zum Posenangeln im See empfiehlt sich am ehesten eine Vier-Meter-Matchrute mit schneller Spitzenaktion und guter Biegekurve. Häufig beißen Schleien äußerst zaghaft, deshalb muss man mit genauestens austarierten Posen (ein bis vier Gramm) angeln. Ich wähle dafür eine 14er- bis 20er-Hauptschnur und ein 12er- bis 18er-Vorfach. Befinden sich in unmittelbarer Nähe auch Karpfen, sollte man allerdings bei der Schnurstärke nicht zu viel riskieren.

Tipp 36
Benutzen Sie Kombi-Köder aus Mais, Made oder Mist- und Tauwurm.

Die Schleie lebt vor allem in schlammigen Bodenregionen.

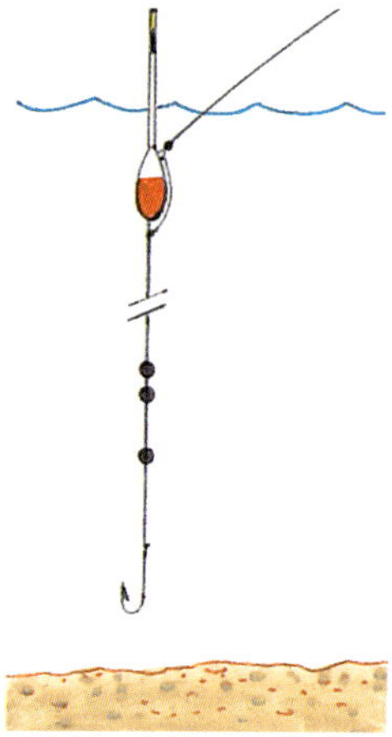

3-Gramm-Pose mit einer durchgehenden 16er-Schnur.

Vor Angelbeginn füttert man mit einigen Kugeln Paniermehlteig an, den man mit etwas Erde, Maden oder Mais (je nach Köderwahl) knetet. Der Teig sollte so fest sein, dass er erst am Grund zerfällt, so dass der mit einigen Maden bestückte 8er- bis 14er-Haken (je kühler die Witterung, desto feiner!) knapp über den Grund wandert. Das letzte Klemmblei darf nicht zu nahe am Haken sitzen (30 Zentimeter Entfernung einhalten), denn die Schleie ist äußerst empfindlich.

Tipp 37
Schlagen Sie beim Abtauchen des Schwimmers unverzüglich an.

Durchsichtige Posen ohne Blei

Für flache, klare Gewässer sollte man leichte, durchsichtige Posen wählen. Wo es möglich ist, angle ich ohne Blei, denn ein fetter Tauwurm bringt bereits das nötige Wurfgewicht. Grundsätzlich sollte man beim Abtauchen des Schwimmers schnell anschlagen, im Flachwasser am besten zur Seite – so hakt man deutlich mehr Fische.
Eine hochsensible, raffinierte Technik, die der vorsichtigen Nahrungsaufnahme der Schleie aus Anglersicht Paroli bietet, ist die bereits auf Seite 19 beschriebene Liftmethode.

Im Fluss mit der Pose

Die Schleie fühlt sich nicht nur im See, sondern auch in Flüssen wohl – allerdings lediglich in schwach strömenden Abschnitten und

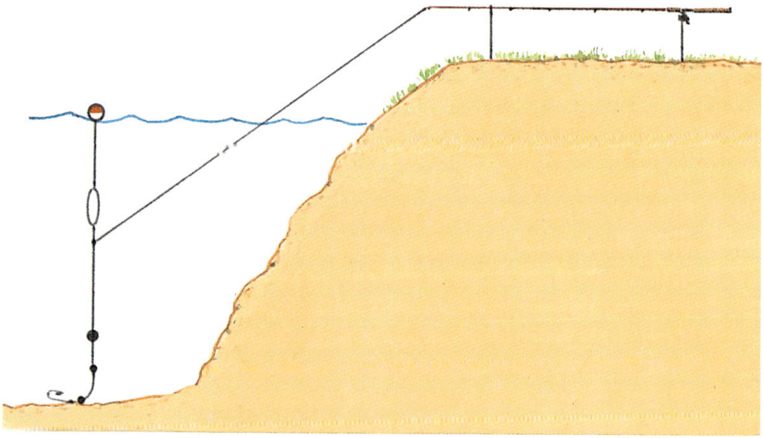

Liftmethode: Die Antennenpose muss gut ausgebleit sein.

Kanälen. Hier fallen ihre Bisse stärker aus als im Stillwasser, man kann deshalb etwas schwerere Posen (vier bis sechs Gramm) anbringen. Ich verwende Posen mit schlanker Tropfenform und gut sichtbarer Antenne, die sehr stabil in der Strömung stehen. Die Wurfrichtung ist schräg stromauf, wodurch die Pose über die angefütterte Strecke abtreibt. Dabei empfiehlt es sich, ab und zu die Schnur zurückzuhalten, so dass sie sich strafft und die Pose verzögert abtreibt. Das bewirkt, dass der Köder samt Vorfach dem Floß vorantreibt und die Fische mehr Zeit haben, ihn aufzunehmen. Die Pose stelle ich etwas tiefer ein, als das Wasser tief ist. Das letzte Bleischrot ist etwa 30 bis 40 Zentimeter vor dem Haken und stört die Fische wenig.

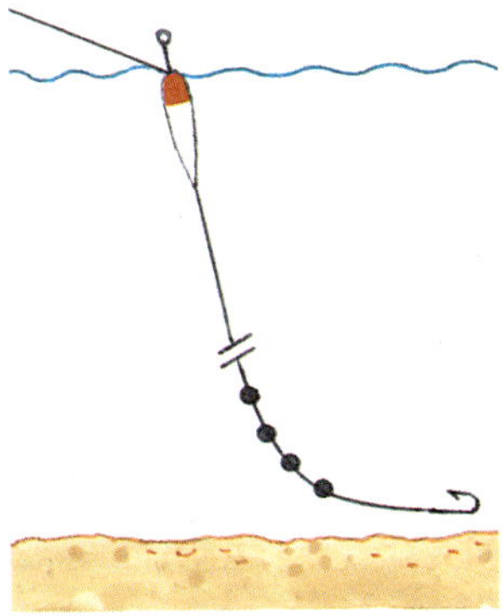

Bei stärkerer Strömung die Bleischrote tief anbringen, bei schwächerer Strömung die Bleischrote verteilen.

Schleien angeln mit der Winklepicker-Rute

Mit einer Winklepicker-Rute (Bibberspitze) lässt sich sogar die Schleie, die übervorsichtig am Köder zu nippen pflegt, leicht erwischen. Diese feine Art des Grundangelns mit leichtem Seiten- oder Durchlaufblei vor dem Wirbel wird neuerdings immer beliebter, weil die sensible Rutenspitze ein optimaler Bissanzeiger bei der Friedfischangelei auf Schleie, Rotauge und Brachse ist. Die leicht zum Wasser gebogene Bibberspitze deckt jeden Biss schonungslos auf, vor allem wenn man mit dehnungsarmer geflochtener Schnur angelt. Zieht der Fisch ab, schlägt sie nach vorne aus; schwimmt er in Richtung Angler, so fällt sie zurück. Die Bibberspitz-Rute erfordert zwar vom Angler ein gutes Reaktionsvermögen sowie Konzentrationsfähigkeit, bringt aber viele Fänge! Die Hand des Anglers sollte allerdings nicht weit vom Rutengriff entfernt und stets zum Anschlag bereit sein.

Wie bereits erwähnt, ist die Made ein Lieblingsköder der Schleie. Durch ihre schwänzelnden Bewegungen übt diese auf den Fisch eine enorme Reizwirkung aus – vorausgesetzt, sie ist richtig am Haken angebracht. Die Made muss am breiten, stumpfen Ende knapp unter der Haut mit einem scharfen, dünndrahtigen Haken durchstochen werden. Vorsicht! Stechen Sie nicht zu tief, sonst läuft sie aus und ist nicht mehr fängig.

Tipp 38
Stechen Sie die Made am breiten, stumpfen Ende knapp unter der Haut durch.

Vier Maden am 10er-Haken.

Raubfische ernähren sich hauptsächlich von anderen Fischen.

Raubfische

Der Aal

Der Aal ist ein länglicher Fisch ohne Bauchflosse, statt dessen bildet die Rückenflosse zusammen mit der Schwanzflosse einen langen Flossensaum. Die lang gezogene Form des Aals ist ein Hinweis auf eine bodennahe Lebensweise oder ein Dasein als Höhlenbewohner.
Der Aal laicht in der Sargassosee vor Kuba, seine Larven werden mit der Meeresströmung an die europäische Küste getrieben. Hier angelangt, wandern die kleinen Aale die Flüsse hinauf und kommen deshalb in fast allen stehenden und fließenden Gewässern Deutschlands und Europas vor.

Der Aal ist ein flinker Höhlenbewohner.

So groß werden Aale

Die Lebensgeschichte des Aals beginnt in der Sargassosee im Atlantik in mehreren hundert Metern Tiefe. Dort treffen sich Männchen und Weibchen, um zu laichen.

Die durchschnittliche Lebenserwartung eines Aals beträgt zehn Jahre. Bemerkenswert ist, dass nur die Weibchen zu stattlichen Größen und Gewichten von einem bis vier Kilogramm heranwachsen, während die Männchen klein bleiben. Sobald die zuvor auf der Bauchseite gelblichen Aale laichreif sind, ziehen sie als Blankaale – so heißen sie wegen ihrer nun mattsilbrigen Bäuche – wieder in die Sargassosee zurück, um dort zu laichen. Danach sterben sie.

Breitkopf- und Spitzkopfaal

Junge Aale entwickeln sich unterschiedlich. Der Breitkopfaal beispielsweise hat eine sehr breite Maulspalte und verspeist gerne kleinere Fische, der schmalere Spitzkopfaal hingegen ist auf Nahrungshäppchen wie Schnecken, Würmer, Laich und Insektenlarven spezialisiert. Der Aal ist ein ausgesprochenes Nachttier, das bei uns hauptsächlich im Frühjahr und Sommer ab der Dämmerung gut zu fangen ist. Dann kriecht er aus seinen meist ufernahen Verstecken – Steinhöhlen, Wurzeln, Krautbetten – hervor und sucht mit seiner äußerst feinen Nase nach Fressbarem.

Tipp 39
Legen Sie für den Aal eine Duftspur im Wasser, indem Sie den Köderfisch seitlich anritzen.

Wie Sie den Aal ködern

Um Aale anzulocken, eignen sich vor allem zwei Köder: Würmer oder kleinere Fische. Höchstens fingerlange Rotaugen oder Lauben – mit der Ködernadel aufgezogen – bieten am langschenkligen 5er-Haken die besten Chancen, einen schönen Breitkopfaal zu fangen. Ritzt man die Flanken des Köderfisches mit einem Messer beidseitig ein, so dass eine Duftspur im Wasser gelegt wird, reizt man die gute Nase der Wasserschlange und führt sie zum ausgelegten Köder. Ein anderer Trick, um den Geruchssinn des Aals zu reizen, ist folgender: Man öffnet die Bauchhöhle des frischen Köderfisches und drückt den Darm etwas heraus.

Aufgezogener Köder

Auch ein kleiner Tauwurm, Tauwurmstücke oder zwei Mistwürmer am 8er-Haken sind für Aale Leckerbissen, denen sie kaum widerstehen können. Generell kann man sagen: Wurm fängt mehr, Köderfisch größere Aale.

Tipp 40
Aale ködern Sie entweder mit Würmern oder kleineren Fischen. Dabei gilt die Regel: Wurm fängt mehr, Fisch dafür größere Aale.

Aale angeln mit dem Bodenlaufblei

Zwar macht es viel Spaß, mit der Leuchtpose zu angeln und den typischen Aalbiss zu verfolgen, bei dem es oft nervenaufreibend lange dauert, bis der Schwimmer endlich abtaucht und angeschlagen werden darf. Die beste Methode ist aber das Angeln mit dem Laufblei, oder besser: dem Blei am Seitenarm. Der Seitenarm wird an einem kleinen Messingring befestigt, der auf der Hauptschnur läuft. Den Wirbelknoten schützt eine Kunststoffperle. Die Seitenschnur sollte nach Möglichkeit schwächer als die Hauptschnur gewählt sein (Sollbruchstelle bei Hängergefahr!). Das Bleigewicht wählt man so, dass die erforderlichen Wurfweiten erreicht werden und das Gewicht gerade noch am Gewässerboden liegen bleibt. Das geschmeidige geflochtene 0,12er-Vorfach (auch eine 0,25er- bis 0,30er-Monofil-Schnur ist möglich!) hält den Aal am langschenkligen Haken. Wichtig: Wurmhaken sollten unbedingt Widerhaken besitzen.

Wählen Sie das Bleigewicht so, dass es gerade noch am Gewässerboden liegen bleibt.

Dem Vorfach muss zudem ein Wirbel vorgeschaltet werden, damit der beim Drill sich wild windende Fisch die Hauptschnur nicht verdreht. Eine drei bis vier Meter lange Rute mit 60 Gramm Wurfgewicht genügt, um die Wasserschlange vom Gewässergrund zu lösen und sie über Krautbänke und Steinschüttungen nach oben zu bringen.

Beißverhalten und Bissanzeige beim Aal

Aale wollen mit dem angebotenen Köder, vor allem wenn es ein Köderfisch ist, zunächst einmal abziehen. Erst wenn der Fisch nach einer kurzen Fresspause ein zweites Mal abzieht, sollte der Anhieb erfolgen. Damit der Aal abziehen kann, bleibt der Rollenbügel geöffnet. Die Schnur klemmt man in einen Schnurclip an der Rolle, der aber beim leisesten Zupfer die Schnur freigibt. Als Bissmelder dient mir dabei ein billiger elektrischer Bissanzeiger mit Dauerton. Natürlich sind auch Affenkletterer, elektronische Bissanzeiger oder ein vor der Rutenspitze auf die Schnur aufgesteckter Styroporwürfel gute Bissmelder. Aalspezialisten nehmen nach dem Biss Fühlung zum Fisch auf, indem sie die Schnur vorsichtig durch Daumen und Zeigefinger gleiten lassen. Im Fließgewässer kann man auch den Bügel geschlossen halten, dafür sollte aber die Bremse nur ganz leicht eingestellt sein, um den Fisch beim Probieren des Appetithappens nicht zu vergrämen.

Tipp 41
Lassen Sie nach dem Biss die Schnur vorsichtig durch Daumen und Zeigefinger gleiten, um Fühlung mit dem Aal aufzunehmen.

Wer mit geschlossenem Bügel und fester Bremse angelt, fängt insgesamt weniger Aale. Diese Methode wende ich nur in hindernisreichen

Fließgewässern an, wo man den Aal nicht »laufen« lassen kann, ohne dass er sich irgendwo festsetzt. Hier beködere ich mit Wurm oder einigen Wurmstückchen, verwende die sensible Rutenspitze als Bissanzeiger (nachts mit Knicklicht bestückt) und schlage schnell an. Auch mit der Freilaufrolle kann man den Aal gut beangeln. Von ihr kann der Fisch bei geschlossenem Bügel Schnur abziehen, ohne Widerstand zu spüren.

So landen Sie den Aal

Hat man dem Aal Zeit gegeben, den Köder zu schlucken, schlägt man mit hoch erhobener Rute an, um den Fisch vom Gewässerboden zu heben. Dann kurbelt man schnell einige Meter Schnur ein. Ansonsten kann es passieren, dass sich der Fisch bei seinen Fluchtversuchen um Gegenstände windet und zunächst einmal festsitzt. Hält der Angler die Schnur für ein paar Minuten gestrafft auf Spannung, kann er den Aal eventuell trotzdem noch landen.

Tipp 42
Wenn Sie länger auf Aale ansitzen wollen, dann nehmen Sie mehrere Vorfächer mit.

Einen Kescher braucht man nur bei größeren Exemplaren, kleinere Aale können zusammen mit dem Keschernetz ein unentwirrbares Knäuel verursachen. Da Aale meist tief schlucken, empfiehlt es sich, den Aal samt Vorfach aus dem Wirbel auszuhängen. Bei einem längeren Aalansitz sollten Sie also nach Möglichkeit mehrere Vorfächer zur Verfügung haben, um nicht wertvolle Angelzeit zu vergeuden, wenn die dunklen Wasserschlangen gut beißen. Zur Aufbewahrung der Fische ist ein Eimer nützlich.

Wie Sie den Aal töten

Aale muss man mit dem Aaltöter, der im Fachhandel erhältlich ist, töten, weil bei ihnen die sonst gebräuchliche Betäubung mit anschließendem Herzstich nicht praktizierbar ist.
Und so töten Sie richtig: Zuerst packen Sie den Aal mit einem Tuch knapp hinter dem Kopf und drücken ihn an den Boden. Anschließend setzen Sie den Aaltöter an und töten das Tier schmerzlos per Genickstich.

Die Bachforelle

Die Bachforelle lebt als Einzelgängerin in einem Unterstand, wo viel Nahrung angeschwemmt wird.

Die Bachforelle hat ihren Namen von ihrem Stammgewässer – dem Bach. Sie liebt kühles, sauerstoffreiches, strömendes Wasser und ist eine sehr gute Schwimmerin. Heimisch fühlt sie sich vor allem in klaren Voralpen- und Mittelgebirgsgewässern. Sie kommt aber auch in Talsperren und Staustufen vor, wo sie meist als Besatzfisch eingebracht wird.

Die Bachforelle lebt standorttreu in tiefen Gumpen, in Außenkurven, unter Wehren und hinter Felsbrocken, wo im schäumenden Wasser Insekten angeschwemmt werden. Auch tiefe Uferpartien mit überhängendem Gebüsch wählt sie gerne als Unterstand.

Die zur Familie der Lachsfische (Salmoniden) gehörende Forelle wiegt selten mehr als drei Pfund, eine Sechspfünderin gilt bereits als kapital; in Staustufen kann man mit etwas Glück sogar eine 15-Pfünderin erwischen, man hat aber auch schon Exemplare mit einem Gewicht von 14 Kilogramm gefangen.

Was die Bachforelle frisst

Die Bachforelle ernährt sich von Insekten, Würmern, Schnecken und Fischbrut. Seit Jahrhunderten gilt die Forelle als einer der besten Speisefische und als eine der beliebtesten des Angelsports. Jeder Sportfischer weiß, dass Forellenangeln ein äußerst aufregendes Erlebnis ist.

Die Bachforelle liebt kühles, sauerstoffreiches Wasser.

Wie Sie die Bachforelle ködern

Grundsätzlich bieten sich dem Angler, der auf Forelle ansitzt, zwei Möglichkeiten an: zum einen Naturköder, zum zweiten Kunstköder.

Naturköder Ähnlich wie die Regenbogenforelle beißt die Bachforelle auf Made, Wurm oder kleine Köderfische am System – die Fangtechniken im Einzelnen werden im Kapitel »Regenbogenforelle« (ab Seite 47) ausführlich beschrieben.

Kunstköder Kleine goldfarbene oder silbrige Spinner (in der Abenddämmerung kann man es auch mit dunklen Spinnern versuchen) – langsam an den Verstecken der Bachforelle vorbeigeführt – verlocken den Fisch zum Angriff. Besonders im Frühjahr nehmen Bachforellen gerne den Kunstköder.

Kennt man den Unterstand einer größeren Räuberin, empfiehlt sich der Versuch mit einem schwimmenden Kleinwobbler in Forellenmuster. Etwa 50 bis 60 Zentimeter vor dem Wobbler wird ein Seitenarm mit Wirbel in die Hauptschnur eingehängt, auf dem je nach Tiefe und Strömung des Gewässers verschieden viele Klemmbleie angebracht werden. Statt der Klemmbleie können Sie auch auch ein so genanntes Tiroler Hölzl verwenden). Mit der Spinnrute gehen Sie am besten im Frühjahr an Ihr Forellengewässer, denn dann zeigt die Rotgetupfte besonderen Appetit auf größere Happen. Zur Maifliegenzeit im Mai und Juni hat sie sich meist schon auf Insektennahrung umgestellt und verschmäht größere künstliche Köder.

Tipp 43
Mit einem schwimmenden Kleinwobbler können Sie die Forelle überlisten.

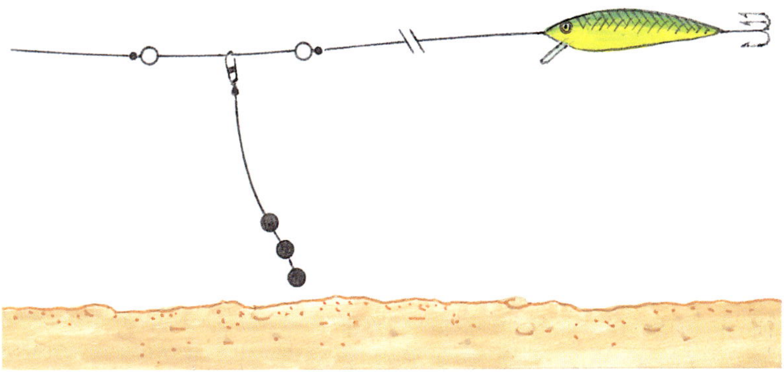

So wird ein Wobbler montiert. Statt der Klemmbleie ist auch ein Tiroler Hölzl möglich.

Tipp 44
Ohne Wirbel läuft der Wobbler verführerischer.

Kunstköder lassen sich an einer weichen 2 bis 2,4 Meter langen Rute mit 25 bis 30 Gramm Wurfgewicht und einer dünnen 0,10er geflochtenen Schnur (0,18er-Monofil) gut werfen. Die Laufeigenschaften eines Wobblers verbessern sich, wenn er direkt an die Hauptschnur angebunden wird. Verzichten Sie also auf den Wirbel und eventuell auch auf den vorderen Drilling, denn Bachforellen nehmen den Köder von hinten.

Variante: Ködern mit einem Streamer

Meist kennen alteingesessene Bachforellen bereits die ganze konventionelle Köderpalette aus dem Effeff. Versuchen Sie die Räuberin deshalb mit einem Streamer zu überraschen!

Sie können den Streamer an einer Wasserkugel am 1,5-Meter-Vorfach anbieten. Wasserkugeln erregen bei den Fischen kaum Verdacht, ähneln sie doch sehr stark den Wasserblasen nach einem Regenguss. Es gibt sie in verschiedenen Größen; sie wiegen mit Wasser gefüllt 8, 20 oder 35 Gramm und lassen sich mit einer weichen 2,4 bis 2,7 Meter langen Spinnrute weit werfen. Wie tief Sie fischen, bestimmen Sie selbst – je nach Füllung der Wasserkugel. Auf jeden Fall müssen Sie den Streamer möglichst langsam mit kleinen Zupfern führen!

Haar-Streamer »Muddler Minnow«.

Mögen die Salmoniden eher kleinere Insekten, dann binden Sie einfach eine Nassfliege an und beherzigen das Motto der Fliegenfischer: helles Wetter, helle Fliege, dunkles Wetter, dunkle Fliege. Dann kann eigentlich nicht mehr allzu viel schiefgehen.

Dem Köder »Leben einhauchen«

Bieten Sie den Muddler Minnow (Größen 4/6/8) am vorbebleiten Vorfach genauso an wie den Kleinwobbler. Führen Sie den Streamer wie einen Jig mit Heben, Senken und seitlichem Wegziehen. Da der Muddler Minnow ein schwimmender Haar-Streamer ist, braucht man ihn nicht ständig zu ziehen, sondern man kann ihn auch an einer besonders Erfolg versprechenden Stelle belassen und ihm lediglich mit einigen kleinen Zupfern an der Rutenspitze etwas »Leben einhauchen«. Die besten Plätze für diese Methode sind hinter Wehren und an Gumpen!

Ein Trick: die Schwimmschnur

Nehmen die Fische die Insekten von der Wasseroberfläche, dann fetten Sie die Schnur mit Schnurfett ein (so bekommen Sie eine »Schwimmschnur«!). Dann machen Sie durch vorsichtiges Einfetten (mit Daumen und Zeigefinger) eine Trockenfliege schwimmfähig und bieten den Köder an gut halb gefüllter Wasserkugel an. Sofort nach dem Wurf müssen Sie durch einige Kurbelumdrehungen das Vorfach strecken. Diese Methode kann übrigens auch erfolgreich auf an der Oberfläche stehende Döbel angewandt werden.

Tipp 45
Mit einer Fliege und etwas Schnurfett bekommen Sie die steigende Bachforelle an den Haken.

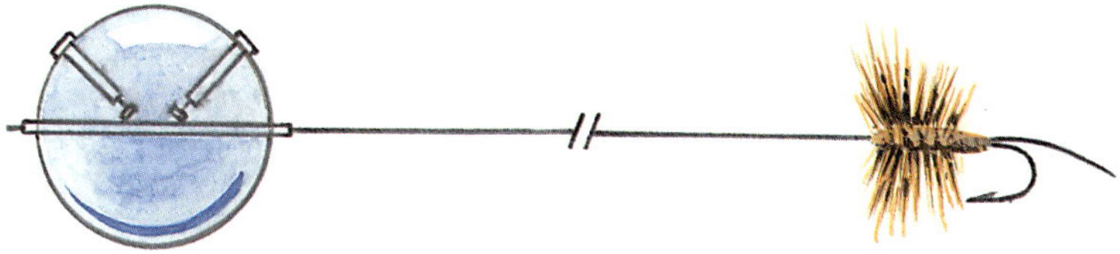

Trockenfliege am 1,5-Meter-Vorfach.

Fliegenfischen auf die Bachforelle

Die Bachforelle ist neben der Äsche in unseren Landen der ideale Fisch für die Fliegenrute. Mit der Technik des Fliegenfischens kann man sich in speziellen Kursen vertraut machen. Als Köder dienen Trocken- oder Nassfliegen sowie Nymphen und Streamer, meist Imitationen von am oder im Wasser lebenden Insekten. Angeboten werden diese Fliegen mit speziellen Schnüren an äußerst feinen Vorfächern. Die Ruten sind so weich, dass sie das Wurfgewicht – nämlich die Schnur – mit der entsprechenden Wurftechnik in den Bereich des Standorts der Forelle bringen.
Als Ausrüstung zum Flugangeln benötigt man: Rute, Rolle, Schnur, Vorfach, Fliegen, Schnurfett, Fliegenfett und eventuell Watthose oder Stiefel sowie Wattkescher. Mit der Fliegenrute kann man beileibe nicht nur Salmoniden fangen – auch Döbel, Rotfeder, ja sogar Hecht, Zander und Makrele kann man damit überlisten. In ganz Europa findet man meist traumhafte Salmonidenreviere, die nur Fluganglern vorbehalten sind. »Wurmangler« gelten hier als Banausen.

Die Regenbogenforelle

Die Regenbogenforelle hat ihren Namen von ihrem rötlich schimmernden Band entlang der beiden Körperseiten. Ihr Körper und ihre Flossen sind mit schwarzen Punkten gesprenkelt. Rote Tupfen wie bei der Bachforelle fehlen.

Die Regenbogenforelle wurde Ende des 19. Jahrhunderts aus Nordamerika in Europa eingeführt und verdrängt seither wegen ihrer Robustheit und Schnellwüchsigkeit die einheimische Bachforelle zusehends. Anders als diese ist die Regenbogenforelle nicht standorttreu, sie liebt vielmehr die Strömung und vagabundiert gerne umher. Auf Beutezug geht die Regenbogenforelle bevorzugt morgens und abends. Dabei ist sie sehr anpassungsfähig: In Bächen frisst sie Insekten, in Stauseen stößt sie in Kleinfischschwärme und in Teichen nimmt sie gern auch eingeworfenes Brot, das eigentlich den Enten zugedacht war.

Die Regenbogenforelle ist so gefräßig, dass sie selbst dann noch nach Ködern schnappt, wenn sie schon satt ist.

Die Regenbogenforelle ist sehr anpassungsfähig.

Standplätze der Regenbogenforelle

Die Regenbogenforelle ist vor allem an Zuläufen zu finden, wo kühles, frisches Wasser einströmt. Stimmt das Nahrungsangebot, werden die Exemplare mindestens zwei Pfund schwer. Einige erreichen sogar ein Gewicht von sechs Pfund, was dann als kapital zu bezeichnen ist. Die Regenbogenforelle ist für den Angler einer der dankbarsten Fische – nimmt sie doch selbst dann noch den Köder, wenn ihr Magen eigentlich schon voll ist.

Ideale Köderkombination

Eine fängige Kombination ergibt eine Montage aus Tiroler Hölzl, rotem Spin-N-Glow und Wurm. Was in Alaska auf Lachse verlockend wirkt, das verfehlt auch auf den Salmoniden seine Wirkung nicht. Der Seitenarm zum Tiroler Hölzl sollte etwa 20 Zentimeter lang und schwächer gewählt werden als das 1,5 Meter lange 0,20er-Vorfach.
Zuckt die Rutenspitze, sollte man der Forelle noch einige Sekunden Zeit geben, den Köder zu nehmen, und dann den Anschlag setzen.

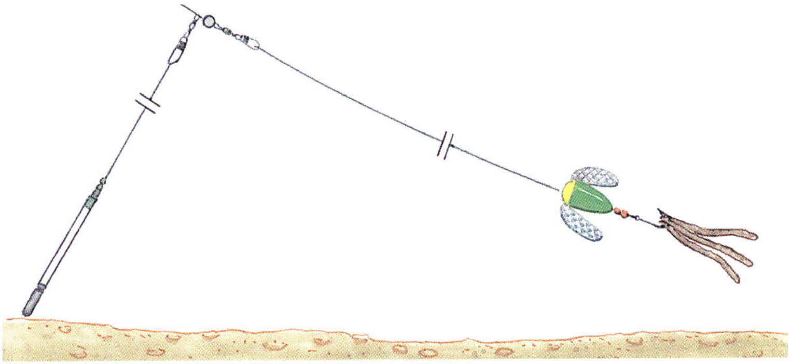

Wurmköder am Spin-N-Glow (Turbo-Spinner).

Forellenfischen in verschiedenen Gewässern

Fließgewässer

In Bächen oder Flüssen sollte man der Regenbogenforelle mit einer 2,4 bis 2,7 Meter langen Spinnrute mit leichter Spitzenaktion und 25 Gramm Wurfgewicht nachstellen. Es genügt eine kleine Rolle, bespult mit 0,20er-Monofil-Schnur. Als Köder sind kleine silbrige oder rote Mepps (Größe 0/1) sowie kleine Blinker geeignet. Aber auch quicklebendige Würmer, die man an leichter Seitenbleimontage oder Tiroler Hölzl abtreiben lässt, sowie eine an einer Wasserkugel am 1-Meter-Vorfach angebotene Heuschrecke können zum Fangerfolg führen. Wenn es nicht sofort klappt, zeigen Sie Geduld, denn gerade die Forelle lässt sich manchmal viel Zeit mit dem Biss und packt erst beim dritten Mal zu.

Tipp 46
Beim Forellenfischen kurbeln Sie Ihre beköderte Posenangel in kleinen Abständen immer wieder zu sich heran.

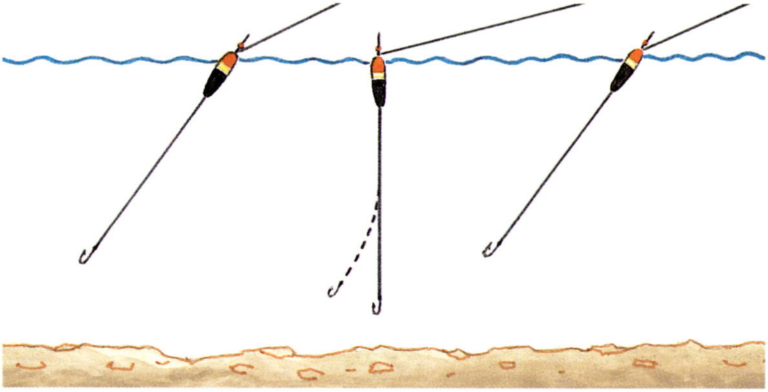

So bringen Sie Bewegung in Ihren Köder.

See und Staustufe

Sind Regenbogenforellen in einem See ausgesetzt worden, dann sind weite Würfe erforderlich, um eine große Wasserfläche abzusuchen. Ein schnell geführter Twister oder Mepps im Oberflächenbereich können hier zum Erfolg führen.

Beim Angeln mit Naturködern ist Anfüttern dringend zu empfehlen. Besonders fangträchtig sind im Schatten von Bäumen und Büschen liegende Uferpartien mit tieferem Wasser. Die mit Teig, Wurm oder Made beköderte leichte Posenangel sollte in kleinen Intervallen herangekurbelt werden. Oft wird der Köder schon kurz nach dem Auswerfen beim Absinken im Mittelwasser genommen. Alternativ können Sie auch mal einen Mais-Wurm-Kombiköder probieren.

Tipp 47
Verwenden Sie an kommerziellen Forrellenteichen Naturköder an einer Wasserkugel.

Kommerzielle Forellenteiche

Viele Baggerseen und Teiche werden regelmäßig mit Forellen besetzt, die wiederum nach einigen Wochen bis auf einen kleinen Restbestand herausgefangen werden. Größte Chancen besitzt man hier mit Naturködern wie Wurm, Made, Fertigteig oder Lachseiern. Wenn Sie diese Leckerbissen mit einer kleinen, unauffälligen Wasserkugel anbieten, steigen Ihre Chancen. Ich wähle dazu eine leichte Vier-Meter-Rute bis 40 Gramm Wurfgewicht und befestige an der Wasserkugel ein zwei Meter langes 0,16er-Vorfach (0,18er-Hauptschnur) mit einem dünndrahtigen 10er-Haken.

Der Drill der Forelle

Da Forellen beim Drill aus dem Wasser springen und durch heftiges Kopfschütteln den Haken loszuwerden versuchen, gilt es, die Rutenspitze beim Drill zu senken und die Schnur immer auf Spannung zu halten.

Beachten Sie: Die Rollenbremse sollte auf keinen Fall zu hart eingestellt sein. Halten Sie die Rute nur dann hoch, wenn der Fisch auf ein Hindernis zuschwimmt: Damit können Sie ihn umdirigieren.

Angeln mit dem Sbirolino

In den vergangenen Jahren wurde die aus Italien stammende Taktik für den feinfühligen Forellenfang an Teichanlagen oder Forellenflüssen bei uns immer beliebter. Das Sbirolino-Angeln ist eine Mischung aus Spinn- und Naturköderangeln, weil der Köder dabei langsam durchs Wasser gezogen wird. An einer langen 4 m-Rute bis 40 g Wurfgewicht wird der Sbirolino, ein Wurf- und Absinkkörper mit Innenschnurführung, mit dem Röhrchen zuerst frei auf die 20–25er Hauptschnur gefädelt. Eine Perle schützt den Knoten, ein Dreifachwirbel verhindert Schnurdrall. Ein mindestens zwei Meter langes Vorfach lässt den Köder weit genug vom Sbirolino entfernt durchs Wasser gleiten. Auch vorfachscheue Großforellen beißen zu. Es gibt schwimmende und sinkende Sbirolinos für alle Wasserschichten. Wichtig ist, dass alle Köder aktiv angeboten werden, egal ob grell-farbiger Forellenteig mit Glittereffekt und Aroma, Madenbündel, Twister oder Wurm. Sbirolinofischen macht großen Spaß, weil man immer nah am Fisch ist und der Anbiss jederzeit erfolgen kann. Mit Sbirolino gelangen mir in Grundnähe schon zwei überraschende Zanderfänge mit grünem Glitterteig.

Tipp 48
Formen Sie die Forellenpaste in Tropfenform, dann rotiert sie verlockend.

Der Barsch

Ein Barsch kommt selten allein – hat mal einer angebissen, stehen die Chancen für weitere Bisse gut.

Tipp 49
Halten Sie die Barsche durch Füttern mit Maden am Angelplatz.

Der Barsch, wegen seiner stacheligen Rückenflosse auch »Stachelritter« genannt, ist – abgesehen von den besonders großen Einzelgängern – ein gesellig lebender Raubfisch, der ruhiges Wasser bevorzugt. Er kommt in fast allen Gewässern vor, denn sein klebriger Laich wird von Wasservögeln unfreiwillig verbreitet. In Flüssen hält er sich vor allem in der Nähe von Krautbänken auf, in denen sich kleine Brutfische, seine Lieblingsnahrung, verstecken. Barsche jagen oft in Schwärmen und der gegenseitige Futterneid ist groß. Oft verfolgen sie ihren am Haken zappelnden Genossen, um ihm die Beute streitig zu machen, bis vor die Füße des Anglers. Das nutzt dieser aus und hält den Schwarm durch das Einwerfen von ein paar Maden am Platz. Dadurch wird der Barsch zu einem der beliebtesten Sportfische.

Standplätze des Barsches

Der Barsch ist ein recht dankbares Objekt für die ersten Versuche mit der Posenangel. Im Frühjahr lebt er etwa in zwei bis vier Metern Tiefe, im Sommer steht er etwas tiefer, zieht jedoch morgens und abends in ufernahe Bereiche. Im Herbst wandert er noch tiefer an den Fuß von Barschbergen (flachere Untiefe inmitten eines Sees), und im Winter steht er oft an den tiefsten Stellen des Gewässers. Barschberge sind der Fangplatz Nummer eins.

Der überaus gesellige Barsch wird auch »Stachelritter« genannt.

Vorsicht beim Abhaken

Der Barsch besitzt an seiner Rückenflosse spitze Flossenstrahlen, die den unerfahrenen Angler verletzen können. Greifen Sie den Fisch daher beim Abnehmen vom Haken immer vom Kopf her und legen Sie die Stacheln an den Körper an, dann sind diese »entschärft«.

Das flachere Wasser erwärmt sich schneller, produziert mehr Nahrung und zieht damit Kleintierschwärme an – ideale Bedingungen also für den gestreiften Räuber, der unter seinen Opfern am Hang dieser Berge lauert. Stehen hier auch Zander und Hecht, verwendet man am besten ein dünnes Kevlar-Vorfach.
Weitere beliebte Standplätze sind auch am Rand von Seerosenfeldern und Schilfrändern sowie in der Nähe von Bootsstegen, wo sich immer Brutfische aufhalten. Hervorragende Barschplätze sind außerdem Ufergebiete, wo Wind und Wellen das Wasser durchwühlen – hier wird Nahrung angetrieben und aufgewirbelt. Allerdings wird man in Ufernähe selten Exemplare über 200 Gramm Gewicht fangen.

Tipp 50
Wo neben dem Barsch auch mit Hechten zu rechnen ist, verwenden Sie ein Kevlar-Vorfach.

Das richtige Angelgerät für den Barsch

Für den Barschfang sind weiche Ruten mit Halbaktion oder durchgehender Aktion – etwa zwei bis drei Meter Länge und drei bis 25 Gramm Wurfgewicht – ideal. Es genügt eine kleine Stationärrolle mit einem Fassungsvermögen von etwa 150 Meter einer 0,20er-Schnur. Wenn Sie vom Boot aus fischen wollen, wählen Sie eine kurze Rute; wenn Sie ein Uferfischer sind, empfiehlt sich eine längere – vor allem wenn Sie Twister benutzen. Größeren Fischen nimmt diese biegsame Angel schnell die Kraft, auch können kleinere und leichte Köder weit und schonend geworfen werden; zudem erlaubt sie die Verwendung von Monofil-Schnüren mit 0,14 Millimeter bis 0,23 Millimeter Durchmesser oder entsprechend dünnerer geflochtener Schnüre. Diese Rute hat auch den Vorteil, dass sie sowohl zum Spinn- und Twister- als auch zum Posenfischen eingesetzt werden kann.

Die besten Köder für den Barsch

Tipp 51
Damit der Köder über Grund schwebt, steckt man am besten ein graues Stück Styropor in die Nähe des Hakens.

Würmer

Vor allem im Frühjahr, Herbst und Winter, wenn die Räuber nicht so aktiv sind, sind Würmer die besten Barschköder. Schon zwei kleine bewegliche Rotwürmer am 8er-Haken der Posen- oder Grundbleiangel verführen vor allem mittlere Fische zum Biss. Größere Exemplare habe ich mit dem 6er-Haken, der mit zwei dicken Tauwürmern bestückt war, knapp über Grund gefangen. Um dem Barsch beim Biss etwas Zeit und Schnur zu geben, angle ich mit Freilaufrolle und Bissanzeiger. Auch mit einer leichten Klemmbleibeschwerung an Seitenarm und Winklepicker-Rute kann man erfolgreich sein. Ich benutze gern eigenschwere Posen und befestige den Haken direkt an der Hauptschnur. Die Klemmbleie sollten nicht zu nahe am Haken angebracht werden, damit der Wurmköder (Maden) natürlich und langsam absinkt und eventuell schon im Mittelwasser genommen wird. Rührt sich länger nichts, bringt man durch ein paar Kurbelumdrehungen Bewegung in den Köder.

Tipp 52
Kurze Spinnstopps, die den Köder ein wenig abtaumeln lassen, verleiten den Barsch zum Biss.

Kunstköder

Grundsätzlich kann man feststellen: Großbarsche sind eher im Dezember und Januar an den Haken zu bekommen, die Hauptbeißzeit der Barsche liegt jedoch in den Sommermonaten, wenn die Kleinfische Portionsgröße erreicht haben. Dann hat man mit einem kleinen roten oder orangegelben Twister am Bleikopfhaken (fünf Gramm) – hebend und senkend in Grundnähe geführt – die besten Fangaussichten, denn Barsche lieben auffällige Köder und bewegliche Köderführung. Fängig sind auch kleine Spinner und Blinker – eventuell garniert mit einem Twisterschwanz –, sofern sie ruckartig mit zitternden Bewegungen der Rutenspitze geführt werden.
Befinden sich größere Barsche im Gewässer, lohnt sich ein Versuch mit Kleinwobblern in Rot oder in Barschmuster am Schilfrand. In der kühleren Jahreszeit sollten Sie den Köder nicht zu stark bewegen! Auch darf der Weichplastikköder jetzt nicht mehr ruckartig bewegt werden – ziehen Sie ihn einfach gerade durch.

Spinnköderführung im Sommer.

Da größere Exemplare regelrechte Kannibalen sind, eignen sich auch zweisömmrige Artgenossen am bebleiten System oder Vorfach – leicht zupfend geführt – hervorragend als Köder.

Wie spürt man Barsche auf?

Von dänischen Sportfischern am Julsö habe ich mir folgende Methode abgeschaut: Will man einen Gewässerbereich systematisch abfischen, wirft man den Blinker aus und zählt: 21…, 22 …, 23 … – die Sekunden vom Aufprall des Köders auf der Wasseroberfläche bis zum Absinken auf den Grund (was die erschlaffte Schnur anzeigt). Dauert es beispielsweise 15 Sekunden, holt man den Köder knapp über Grund wieder ein. Beim zweiten Wurf holt man den Köder schon nach zwölf Sekunden ein, und so weiter. Auf diese Weise kann man die unterschiedlichen Wassertiefen systematisch nach Beute absuchen. Diese Methode eignet sich auch gut zum systematischen Beangeln anderer Flossenträger wie etwa dem Hecht.

Tipp 53
Durch systematisches Beangeln in verschiedenen Wassertiefen kann man die Fangchancen deutlich erhöhen.

Fang vom Boot aus

Hat man die Möglichkeit, ein Gewässer mit dem Boot zu befischen, erhöhen sich natürlich die Fangchancen – vor allem wenn man eine Gewässerkarte des Sees besitzt (Barschberge!). Jedoch taucht gelegentlich das Problem auf, dass zwar ein, zwei schöne Fische gehakt werden konnten, das Boot aber durch Wind und Strömung verdriftet, so dass der Schwarm nicht mehr gefunden wird, selbst wenn noch so schnell der Anker geworfen wird. Hier kann eine drei bis vier Zentimeter dicke, H-förmige Styroporboje (mit Sekundenkleber selbst basteln!) Abhilfe schaffen: Auf das Mittelstück wird ausreichend Schnur aufgewickelt und am Ende der Schnur einfach ein schweres längliches Metallstück mit kleinem Bohrloch für die Schnurbefestigung angebracht.

An Barschbergen sind Massenfänge möglich.

Hat ein Fisch angebissen, wirft man sofort diese Boje aus, die Schnur mit dem Gewicht wickelt sich blitzschnell ab, bis sie auf Grund aufliegt. Mit diesem kleinen Trick verliert man einen idealen Angelplatz dann nie mehr aus den Augen.

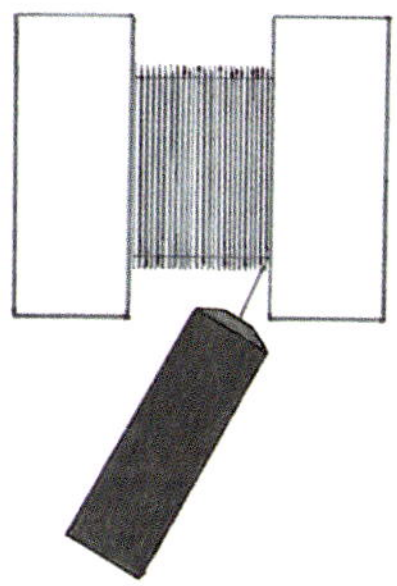

Styroporboje.

Der Hecht

Der Hecht ist in den meisten Gewässern die Attraktion für Hobby- und Sportangler schlechthin. Er kommt praktisch überall vor – ob im mäßig salzhaltigen Brackwasser der Ostsee, im Fluss, See, Weiher, Altwasser oder Baggersee. Seine Lieblingsplätze sind pflanzenreiche Bereiche wie Seerosenfelder oder versunkene Bäume, wo der standorttreue Platzhecht explosionsartig aus seinem Versteck hervorschießen kann. Auch an Scharkanten, Buhnenköpfen, im Mündungsbereich von Zuflüssen und in großen Seen an Unterwasserbergen ist er häufig zu finden. Gut getarnt mit seinen graugrün bis gelblich gebänderten Seiten lauert er hier still und unauffällig in der Nähe seiner Beutefische.

Der Hecht ist enorm schnell – er bewegt sich mit einer Geschwindigkeit von dreifacher Körperlänge pro Sekunde vorwärts, wenn er auf eine Beute losschießt.

Der Hecht ist der Herr des Süßwassers und kennt eigentlich nur seinesgleichen oder den Menschen als Feind. Er beherrscht sein Revier und verteidigt es heftig gegen Rivalen. Stirbt ein großer Revierhecht oder wird er von einem Angler herausgefangen, nimmt das nächstgrößere Exemplar dessen Platz ein. Für den Angler bleiben also Plätze, an denen er einen großen Hecht überlistet hat, immer interessant. Im Gewässer kommt dem Hecht eine wichtige ökologische Ordnungsfunktion zu: Er erbeutet schwache und kranke Fische und hilft, zu große Weißfischbestände zu dezimieren.

Wann der Hecht am besten beißt

Wenn das Hechtweibchen (das im Übrigen größer ist als das Männchen) im März oder April in flachen, krautreichen Buchten abgelaicht hat, verweilt es noch einige Wochen im flachen Uferwasser. Gegen

Der Hecht lauert oft unter Seerosen.

Ende Mai ist eine gute Zeit zum Hechtangeln, weil die Räuber mit dem entenschnabelförmigen, stark bezahnten Maul jetzt einen enormen Appetit entwickeln. Im Sommer stellt man dem Hecht am erfolgreichsten frühmorgens oder in der Abenddämmerung nach. Im Herbst indes, wenn sich die Hechte ihren Winterspeck anfressen, ist der Vormittag eine gute Zeit. Im Winter sind die Hechte träge. Aber wer die tiefsten Stellen in seinem Gewässer kennt, der kann im wahrsten Sinne des Wortes »fette Beute« machen, denn größere Hechte stehen dort nahe beisammen. Übrigens: Hechte können hierzulande bis zu 20 Kilogramm wiegen.

Tipp 54
Nach dem Laichgeschäft im Frühjahr entwickeln die Hechte einen enormen Appetit und beißen besonders gut.

Hechte mit totem Fisch ködern

Nachdem es in den 80er-Jahren noch erlaubt war, mit lebenden Köderfischen Meister Esox nachzustellen, hatte es die Methode mit totem Köderfisch zunächst sehr schwer, sich durchzusetzen. Viele Angler in Deutschland bezweifelten zu Unrecht, dass der Hecht auch an toten Köderfischen Gefallen finden könnte.

Tipp 55
Ölhaltige Meeresfische wie Heringe, Sardinen oder Makrelen sind im Winter gute Köder.

Das Angeln mit einem toten Köderfisch haben schließlich englische Sportfischer populär gemacht. Sie stellten fest, dass sich vor allem größere Hechte diese bequeme Nahrungsquelle im allgemeinen nicht entgehen lassen: Gerade in der kühleren Jahreszeit, wenn sie etwas träge sind, nehmen Hechte einen solchen Leckerbissen gern – vor allem, wenn sie der Köderfisch auch noch durch eine intensive Duftspur anlockt.

Deshalb sind besonders ölhaltige Meeresfische wie Heringe, Sardinen oder halbe Makrelen fängig. Zusätzlich kann man sie – ebenso wie auch Rotaugen, Barsche oder Zuchtforellen – noch mit Aalöl oder Heringsöl einpinseln. Ich habe immer einen in Aalöl eingelegten Ködervorrat in der Gefriertruhe; in gefrorenem Zustand lassen sich die Köder besser auswerfen.

Ich verwende eine zweiteilige, 3,6 Meter lange Karpfenrute mit einer Testkurve von 2,5 lb. und durchgängiger Aktion. Die Stationärrolle bespule ich mit etwa 200 Meter 0,20er geflochtener oder 0,35er monofiler Schnur. Diese weiche Rute bringt mehrere Vorteile.

Tipp 56
Wenn auf eine Kaltwetterperiode einige wärmere Tage folgen oder Westwind das wärmere Oberflächenwasser in eine Bucht treibt, ist der ideale Zeitpunkt, um Hechte zu fangen.

Vorteile der weichen Rute

- Der Köderfisch kann weit und weich ausgeworfen werden.
- Die Rute federt die harten Hechtschläge während des Drills gut ab.
- Die Rute lässt die Drillinge ins harte Hechtmaul eindringen. Ein Ausschlitzen der Haken wird so vermieden.
- Die dehnungsfreie Dyneema-Schnur sorgt für einen sicheren Anhieb, was beim Hecht besonders wichtig ist.

Tipp 57

Der Hecht soll zunächst möglichst wenig Widerstand spüren. Daher empfiehlt es sich, mit geöffnetem Schnurfangbügel oder Freilaufrolle mit elektronischem Bissanzeiger zu arbeiten.

Ich angle mit geöffnetem Schnurfangbügel oder einer Freilaufrolle mit elektronischem Bissanzeiger – der abziehende Raubfisch soll wenig Widerstand spüren und nicht schon beim Biss vergrämt werden. Hechte sind nämlich alles andere als gierige »Fressmaschinen«, sondern zeigen oft ein heikles Beißverhalten. Dem trägt auch die Montage am Casting-Boom mit eingehängtem Birnenblei Rechnung. Am geschmeidigen, leicht knüpfbaren 60-Zentimeter-Stahlvorfach (acht bis zehn Kilogramm Tragkraft) befestige ich den Enddrilling, der zweite Drilling bleibt verschiebbar auf dem Vorfach und ist so der Köderfischgröße jederzeit anpassbar. Nadelscharfe Drillinge der Größe sechs bis acht greifen und halten viel besser im Hechtmaul als Monsterdrillinge. Sind Gewaltwürfe nötig, sichere ich den Köder, indem ich Schnur um die Schwanzwurzel wickle und das Vorfach mit der Ködernadel durch den hinteren Teil des Köderfisches ziehe.

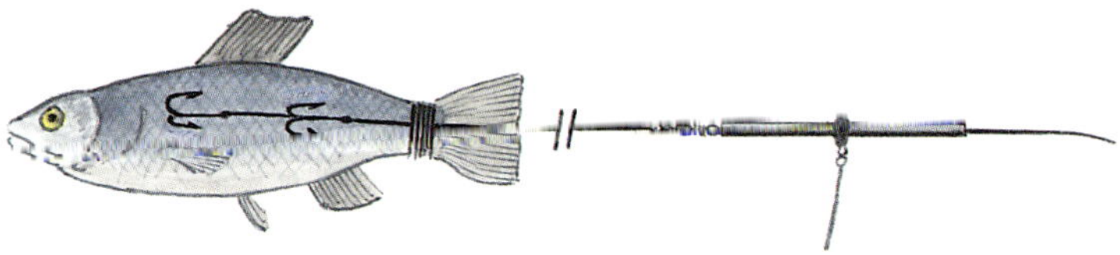

Köderfisch am kleinen Casting-Boom.

Der richtige Zeitpunkt für den Anhieb

Nun zur Hauptfrage: Wann ist der Anhieb zu setzen? Soll man mit dem Anhieb die berühmte »Zigarettenlänge« warten oder gleich anschlagen? Wie schon gesagt: Hechte sind oft sehr empfindlich und

lassen den angebotenen Köder wieder los, wenn man zu lange wartet. Deshalb schlage ich innerhalb der ersten 20 Sekunden an und lasse den Hecht nicht mehr als zwei Meter Schnur abziehen. Normalgroße Hechte haben dann den Köder genommen, kleinere können schonend abgehakt und zurückgesetzt werden.
Kämpft der Hecht im Drill, dann heißt es, mit der Rutenspitze nach unten zu gehen – wenn es sein muss, bis unter die Wasseroberfläche. Nur so kann man den Hecht, der angebissen hat, wieder »beruhigen«.

Tipp 58
Schlagen Sie innerhalb der ersten 20 Sekunden an.

Das richtige Ködergewicht

Wann immer möglich, angle ich mit unbeschwerter Leine, vor allem größere Köderfische bringen genügend Eigengewicht für einen Weitwurf mit. Vorher muss allerdings die Schwimmblase aufgeschnitten oder mit der Ködernadel mehrmals durchstochen werden, um ein Auftreiben zu verhindern. Es gibt jedoch auch Situationen, in denen ein Auftrieb des Köders erwünscht ist – beispielsweise in verkrauteten oder schlammigen Gewässern oder an kalten Wintertagen. In diesem Fall kann man dem Köder mit Styropor, Balsaholz oder einer Luftinjektion weiteren Auftrieb verleihen. Bei dieser Angeltechnik müssen je nach gewünschtem Abstand zum Gewässergrund Klemmbleie auf dem Vorfach angebracht werden.

Aktives Grund- und Posenangeln auf Hecht

Grundsätzlich sollte man den Köder nie mehrere Stunden lang an derselben Stelle lassen. Aktiveres Angeln mit zeitweisem Heranzupfen des Köders, ein Köderwechsel von Rotauge auf Sardine oder ein Wechsel des Angelplatzes erhöhen die Fangchancen erheblich, denn so bekommen mehr Hechte die Köder zu Gesicht.
Bastler können im Übrigen leicht eine Pose zur Segelpose umbauen. Vor die Pose kommt eine knallgelbe Pilotkugel aus Kork, die nach dem Abtauchen der Pose anzeigt, wohin der Fisch mit dem Köder zieht. Den Köderfisch befestigt man in waagrechter natürlicher Schwimmhaltung mit zwei Drillingen.

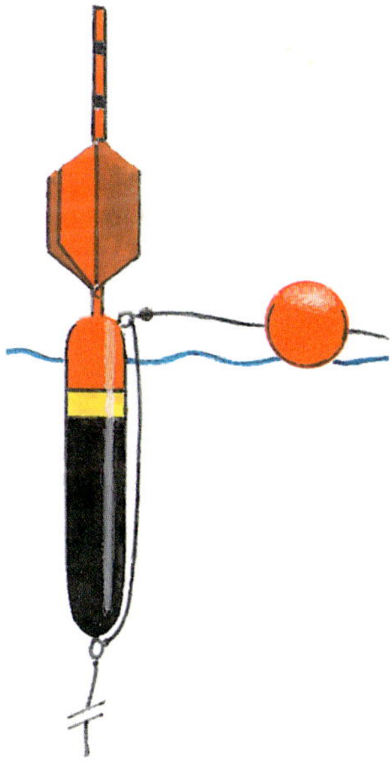

Segelpose mit Knicklicht und Pilotkugel.

Was heißt »aktives Angeln«?

Aktives Angeln, bei dem größere Gewässerflächen abgesucht werden können, ist auch beim Posenangeln sehr gut möglich:
Der Köderfisch (nicht vergessen, die Schwimmblase durchzustechen!) treibt mit einer gut ausgebleiten Segelpose und etwas Windunterstützung 100 Meter weit auf den See hinaus (Herbst, Winter) oder an der Schilfkante entlang (Frühjahr). Die Wellenbewegung verleiht dem Köderfisch dabei ein »Eigenleben«, das den Hecht zum Angriff reizt.
Voraussetzung für diese Art der Angelei ist eine – bis zur Pose – sehr gut gefettete Hauptschnur, die auf der Oberfläche ohne Schnurbauch schwimmt, denn sonst ist kein effektiver Anhieb möglich.

Tipp 59
Auch Hechte lassen sich anfüttern.

Noch ein wichtiger Hinweis: Wenn beim Stippangeln plötzlich kein Weißfisch mehr beißt, ist die Erklärung meist einfach: Das große Futterfischangebot hat Esox aus seinem Versteck gelockt. Diese Erfahrung können wir beim Hechtangeln nutzen. Auch wenn Sie an diesem Tag gar nicht vorhaben, auf Rotaugen oder Brassen zu stippen, sollten Sie anfüttern. Eine mit Paniermehlteig oder Mais angefütterte Stelle verspricht größere Erfolgsaussichten, einen Hecht auf die Schuppen zu legen. Überhaupt halten sich die Raubfische immer in der Nähe ihrer Futterfische auf.

Was Sie beim Grundangeln im Fluss beachten sollten

Tipp 60
Der Köderfisch muss den Hecht in der richtigen Wasserhöhe reizen.

Zum Angeln im Fluss empfiehlt sich eine kräftige, semiparabolische Vier-Meter-Rute. Damit können Sie den Köder und den gehakten Hecht besonders gut führen. Man legt dabei den Köderfisch mit Birnenblei (30 bis 100 Gramm) an schwächerer Seitenzweigmontage fest. Wie wir wissen, bevorzugt der Hecht feste Standplätze an ruhigeren Stellen am Rand der Hauptströmung. Damit der Köderfisch verführerisch und in der richtigen Höhe über dem Gewässergrund arbeitet und den Hecht reizt, kann man etwa 40 Zentimeter vor dem Köder eine Unterwasserpose oder Wasserkugel in das Ein-Meter-Vorfach einknoten.

Freilaufrolle und Bissanzeiger

Meist benutze ich eine Freilaufrolle, die beim Biss fast widerstandslos Schnur abgibt. Bei einem Hakensystem mit Einfachhaken im Maul und je einem Drilling links hinter der Brustflosse und rechts zwischen Rücken- und Schwanzflosse kann der Anhieb frühzeitig erfolgen. Diese Methode wende ich auch dort an, wo ich mit der Matchrute auf vorher angefütterte Weißfische angle. Denn wo Friedfischschwärme sind, ist auch Meister Esox nicht weit. Die Hechtangel sollte allerdings etwa zwei Meter näher hin zur Flussmitte und etwas unterhalb der angefütterten Stelle ausgelegt werden. Außerdem empfiehlt sich ein elektronischer Bissanzeiger, um den auf die Friedfische konzentrierten Angler beim Biss zu alarmieren.

Hechtfischen mit der Laufpose

In langsam fließenden Flussabschnitten oder Kanälen kann vor allem in Kehrwassern, vor Einmündungen, zwischen Buhnenfeldern und an tiefen Außenkurven die Laufpose besonders effektiv eingesetzt werden;der Köder wird durch ein Blei in Grundnähe gehalten (Schwimmblase durchstechen!). Lassen Sie die Pose in respektvollem Abstand (etwa 20 Meter) an gut gefetteter Schnur vor sich hertreiben, denn sonst vergraulen Sie ufernah stehende Hechte.

Noch zwei Tipps: Meister Esox stößt bei seiner Attacke gerne von unten nach oben – bieten Sie deshalb den Köder nicht zu tief am Boden an. Damit Sie die abtreibende Pose auch einmal anhalten oder verzögert driften lassen können, befestigen Sie am besten direkt unter der Pose einen Stopper. Dieser verhindert, dass der Köderfisch zur Pose hochgezogen wird.

Tipp 61
Sie können stippen und gleichzeitig Hecht angeln.

Was Sie beim Spinnangeln beachten sollten

Beim Spinnangeln können Sie das Gewässer großflächig und mit einer vielfältigen Auswahl unterschiedlichster Ködermodelle systematisch absuchen. Ein geschickt geführter Wobbler oder Blinker kann manchmal den Hecht eher zum Biss reizen als ein leblos angebotener Köderfisch. Die Köder sollten im Winter und Frühjahr in Zeitlupentempo, im Sommer und Herbst etwas schneller geführt werden. Variieren Sie die Köderführung und zeigen Sie Geduld beim Anwerfen eines bekannten Hechtstandplatzes, oft verliert der Hecht erst beim zehnten Versuch die Nerven und packt zu. Werfen Sie zunächst systematisch die ufernahe Strecke fächerförmig ab. Erst wenn der Erfolg ausbleibt, sollten die Weitwürfe folgen.

Grundsätzlich empfiehlt es sich, öfters den Köder zu wechseln. Verwenden Sie beim Angeln mit Kunstködern leichte Wirbel und ein dünnes, geschmeidiges 30-Zentimeter-Stahlvorfach, sonst beeinträchtigen Sie die Laufeigenschaften. Wenn Sie die Rolle mit geflochtener 0,17er-Schnur bespulen, die einen unmittelbaren Kontakt zum Köder vermittelt, dann denken Sie daran, dass Sie nicht eine Rute mit relativ steifer Spitzenaktion damit kombinieren (siehe Seiten 6 bis 10). Und noch etwas: Schließen Sie nach dem Auswurf den Rollenbügel, denn manchmal attackieren Hechte bereits den abtaumelnden Köder. Wenn Sie mit dem Boot auf einem See sind, dann halten Sie Ausschau nach in kurzen Intervallen abtauchenden Haubentauchern oder Möwenschwärmen – dort befinden sich meist Futterfische, und unter diesen ist häufig Freund Esox.

Tipp 62

Falls die Hechte absolut nicht auf Blech beißen wollen, servieren Sie ihnen einen Köderfisch am System.

Blinker und Spinner

Vor allem für das Frühjahr empfehlen sich leichte, dünnblechige Blinker oder leichte Spinner bis zwölf Gramm als Köder. Auch im Sommer kann ein Mepps-Spinner – zwischen die Weißfischbrut geworfen – an der Oberfläche zum Fangerfolg führen. Beide Köder sollten langsam geführt werden, so dass der Blinker taumelt und das Spinnerblatt gerade noch rotiert. Im Herbst und im fließenden Gewässer versucht man sein Glück am besten mit einem schweren Effzet-Blinker. Besonders gute Erfahrungen habe ich in trübem Wasser mit kupferfarbenen Ködern gemacht. An wärmeren Wintertagen verspricht ein auf Tiefe vorgebleiter (zehn Gramm!) Tandem-Spinner Erfolg – vor allem wenn er zwei Spinnerblätter besitzt und damit besonders auffällig ist. Zum Angeln bevorzuge ich eine leichte 3-Meter-Rute bis 30 Gramm Wurfgewicht. Als Hauptschnur ist eine dehnungsarme 0,30er (bzw. 0,17er geflochtene) am besten.

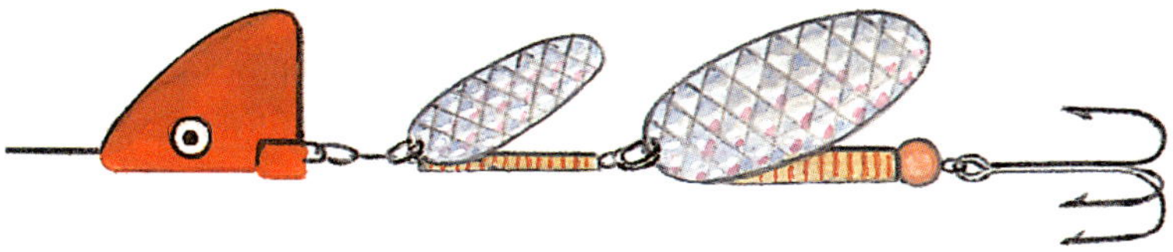

Tandem-Spinner am Bleikopf.

Zaghafter Biss im Winter

Beachten Sie, dass Hechte im Winter zaghaft zubeißen. Schlagen Sie deshalb sofort beim kleinsten Anzeichen eines Bisses an, auch wenn Sie damit einen Hänger riskieren. Lassen Sie den Köder unbedingt bis zum Grund absinken, auch wenn das die Hängergefahr erheblich erhöht.

Wobbler beim Spinnangeln

Tipp 63
Führen Sie mit dem Wobbler Spinnstopps und Seitwärtsbewegungen aus.

Wobbler, ob schwimmend oder sinkend, sind hervorragende Hechtköder. Mit Spinnstops, Seitwärtsbewegungen oder im Sägezahnkurs fantasievoll und langsam geführt, verführen sie selbst skeptische Hechte zum Biss.

Der zweiteilige, 11 oder 14 Zentimeter lange, orangefarbene Rapala (schwimmend) »läuft« schon bei langsamer Führung in etwa einem Meter Wassertiefe, muss aber anfangs durch kräftigen Zug auf Tiefe gebracht werden. Er ist besonders im Frühjahr für flache Gewässer bis zu drei Meter Tiefe geeignet, wenn die gewichtigen Hechtdamen ufernah im Flachwasser stehen. Auch im Fließgewässer lassen sich Schwimmwobbler sehr variabel einsetzen, indem man sie unter Büsche oder überhängende Bäume treiben lässt oder vor Hindernissen einfach zu kurbeln aufhört – sofort steigt der Wobbler hoch.

Der einteilige rot-weiße Hilo-Wobbler (schwimmend) mit seiner mehrfach verstellbaren Tauchschaufel ist ein Allround-Wobbler, der auch in tieferen Gewässern eingesetzt werden kann. Will man tief stehenden Winterhechten nachstellen, sollte man auf einen sinkenden Wobblertyp zurückgreifen. Zählt man beim Absinken des Wobblers die Sekunden bis zum Auftreffen auf dem Grund (Schnur erschlafft), kann man im weiteren Verlauf die Lauftiefe selbst bestimmen.

Probleme beim Angeln mit Wobblern

Das Angeln mit Wobblern kann manchmal allerdings auch zum Ärgernis werden, wenn sich die Drillinge beim Auswerfen in der Schnur verhängen oder wenn das teure Stück bei einem Hänger verloren geht. Beides lässt sich jedoch weitgehend vermeiden, wenn Sie kurz vor dem Auftreffen des Wobblers auf die Wasseroberfläche in die Schnur greifen, so dass sich das Vorfach streckt – die Schnur verheddert sich dann nicht so leicht. Wenn Sie auch noch den nach vorne zeigenden Drillingshaken des Bauchdrillings abzwicken, verringern Sie die Hängergefahr deutlich und schonen so Ihren Geldbeutel.

Tipp 64
Vermeiden Sie Hänger, indem Sie die nach vorne zeigenden Drillingshaken am Wobbler abzwicken.

Rute und Wurfgewicht

Die Rute mit einem Wurfgewicht bis 40 Gramm sollte ruhig 3,30 Meter lang sein, damit lässt sich der Wobbler gut werfen und führen; sie braucht Rückgrat, um auch gewichtige Hechte zu zähmen.

Spinnangeln mit Köderfischen

Wenn in überblinkerten Gewässern auf Wobbler, Blinker oder Spinner kein Hecht mehr beißt, dann hilft meist der Köderfisch am Hakensystem (Drillinge Größe vier). Dazu benötigen Sie eine kräftige Rute mit 80 oder 100 Gramm Wurfgewicht, um Ködergewichte ab 200 Gramm gut werfen zu können. Heringe beispielsweise verlocken Hechte durch ihr silbriges Schuppenkleid und ihren verführerischen Duft, Barsche halten dagegen länger am System und lassen auch einmal einen Weitwurf zu; beim Barsch müssen Sie die Schwimmblase vor Angelbeginn durchstechen.

Tipp 65
Barsche als Köderfische am System halten viele Würfe aus.

Für Würfe im Nahbereich brauchen Sie keine Bleibeschwerung – höchstens ein paar Bleischrote –, damit der Köder etwas schneller absinkt. Immer beliebter wird die so genannte »Jig-Methode«. Hierbei wird einfach im Wirbel vor dem Stahlvorfach ein Birnenblei (15 bis 25 Gramm) eingehängt.

Dieser Köder reizt Hechte ungemein. Wichtig ist allerdings, dass er gefühlvoll und ganz langsam mit der Rutenspitze durch Heben und Senken herangeführt wird. Zwischendurch sollte der Köder einen

kranken Fisch imitieren, der zum Grund taumelt oder kraftlos im Mittelwasser torkelt. Die Jig-Methode ist auch im Fluss erfolgreich. Ein Dyneema-Geflecht verleiht dem Angler einen direkten Kontakt zum Köder und unterstützt beim Sofort-Anschlag das Eindringen der Haken.
Das Jiggen hat sich zu einer meiner Lieblingstechniken entwickelt, speziell vom Boot aus im tieferen Wasser vor Krautgürteln. Der Angler kann hier fächerförmig die Erfolg versprechenden Stellen vom verankerten Boot anwerfen und große Gewässerstrecken nach Hechten absuchen.

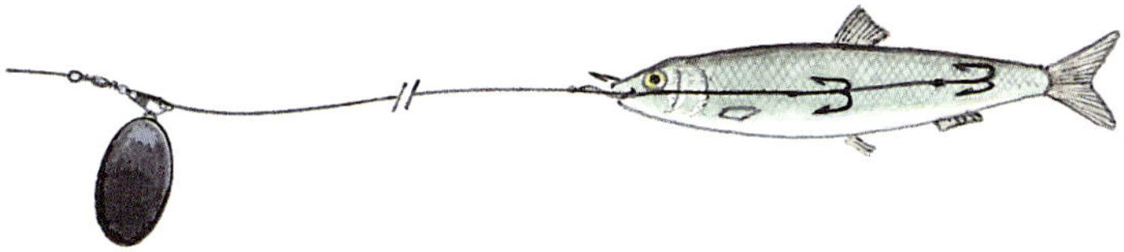

Verschiebbare Haken auf einem 60-Zentimeter-Vorfach.

Ködern mit dem Gummifisch (Shad)

Hechte nehmen gerne diesen Weichplastikköder, der auf einen Jig-Haken der Größe 4/0 bis 8/0 mit einem 5 bis 15 Gramm schwerem Bleikopf aufgezogen wird. Die Wobbelfische zwischen 10 und 20 Zentimetern bringen genügend Eigengewicht mit, so dass man auch weiter entfernte Hechtstandplätze an der Scharkante anwerfen kann. Dieser Köder wobbelt beim langsamen Herankurbeln und -zupfen verführerisch mit dem Hinterteil und wirkt vor allem in der Strömung sehr lebensecht. Im trüben Wasser verwende ich vornehmlich weiße Muster, ansonsten natürlich gehaltene Shads im Barsch- oder Regenbogenforellenmuster.

Gummifische bewegen sich verführerisch und sind ihrem lebenden Vorbild sehr ähnlich.

Der Hecht liebt, vor allem im Winter, große Köder ab etwa zwölf Zentimeter Länge. Am Jig-Haken sollte daher unbedingt mit Stahlseide ein zusätzlicher Drilling (Größe zwei bis sechs) montiert werden, denn Esox verbeißt sich gerne bei seinen von hinten geführten Attacken im hinteren Körperteil des Softköders. Weitere Anregungen zum Angeln mit einem Gummifischköder finden Sie im Kapitel »Der Zander« ab Seite 72.

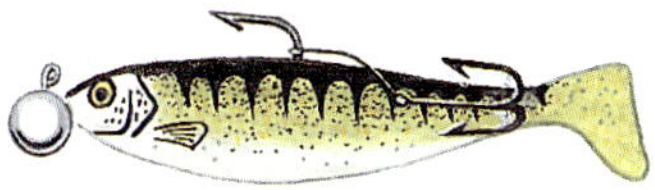

Gummifisch am System.

Was Sie beim Schleppangeln beachten sollten

Zum Schleppangeln empfiehlt sich eine kräftige zweiteilige 3,5-Meter-Rute mit 80 Gramm Wurfgewicht, deren Spitze beim Führen des Kunstköders leicht wippt. Die Länge bringt wichtige Vorteile beim Anschlag und Drill des Fisches. Die geflochtene Dyneema-Schnur (0,20er) sollte eine Tragkraft von zehn bis zwölf Kilogramm aufweisen. Von einer Multirolle läuft die Schnur beim Platzieren des Köders ideal ab. Der Köder wird langsam 20 bis 50 Meter hinter dem Boot geschleppt – im Sommer mit etwa zwei Kilometer/Stunde, im Winter mit eineinhalb Kilometer/Stunde (zum Vergleich: Ein Spaziergänger erreicht vier Kilometer/Stunde). Nur selten kommt es vor, dass ich den Köder in größerer Tiefe als sechs Meter anbiete.

Tipp 66
Schleppen Sie da, wo sich die Futterfische aufhalten – also beispielsweise an der Scharkante.

Vergessen Sie im Sommer und Herbst nicht die flacheren, zwei bis drei Meter tiefen Gewässerabschnitte vor Kraut- und Schilfzonen! Schleppen Sie über Barschbergen und Scharkanten. Im Sommer nehme ich oft Großwobbler wie den rot-weißen zweiteiligen Swim-Whizz oder den blau-weißen einteiligen Rapala-Magnum, den ich vorbebleit auf die gewünschte Tiefe bringe.

Wenn sonst nichts hilft: Köderwechsel

Wenn längere Zeit kein Fisch angebissen hat, wechselt man einfach – wie an anderer Stelle bereits erwähnt – den Köder und angelt in einer anderen Tiefe weiter: Anstatt eines Wobblers verwendet man beispielsweise ein Rotauge, das man auf ein Stocker-System mit Tauchschaufel montiert hat. Ich erinnere mich noch gut daran, wie ich zusammen mit einem Freund dieses System die Scharkanten des Weißensees (Österreich) entlangschleppte und wir in drei Stunden drei kräftige Hechte haken konnten.

Vorbebleiter Rapala mit vorgeschaltetem Gummilockfisch.

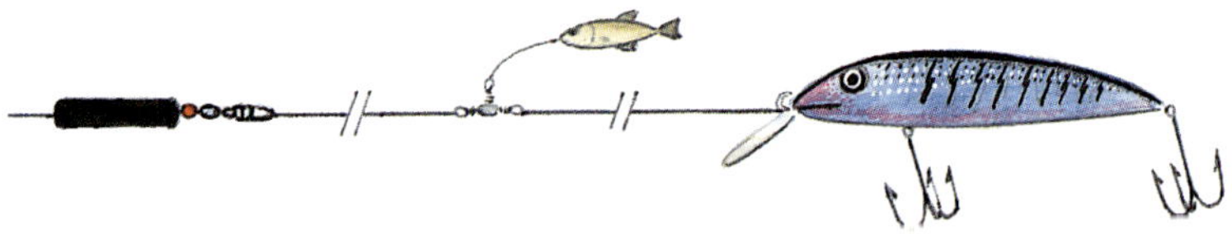

Schleppangeln mit der Pose

Die effektivste Methode scheint mir jedoch das Schleppangeln mit der Pose (25 bis 30 Gramm Tragkraft) zu sein. Der Köder wird hier durch ein 20-Gramm-Blei in zwei bis fünf Metern Tiefe gehalten und an einem Hakensystem – bestehend aus einem Einzelhaken und zwei Drillingen – angeboten. Silbrig glänzende Brassen ab 20 Zentimeter Größe sind hervorragende Köderfische. Um ein Hochrutschen des Köders bis zur Pose zu vermeiden, brauchen Sie unbedingt ein direkt unter dem Schwimmer angebrachtes gebogenes Plastikröhrchen (so genannter Trolling-Adapter). Spezielle holländische Schleppposen mit gebogenem Schnurdurchlaufkanal erfüllen den gleichen Zweck. Eine Dyneema als Hauptschnur braucht übrigens nicht gefettet zu werden, da diese geflochtene Schnur schwimmt.

Das Schleppangeln wird an größeren Gewässern praktiziert. Um jedoch nicht auf »gut Glück« loszurudern, sollte man die Tiefenlinien, Scharkanen und Barschberge kennen. Steht Ihnen keine Gewässerkarte zur Verfügung, ist ein Echolot sehr hilfreich. Damit können Sie die Erfolg verprechenden Angelplätze aufspüren. Ich erinnere mich gut an einen Angelurlaub am Foggensee, einem Stausee im Voralpenland, der vom Lech gespeist wird. Hätte ich nicht den Verlauf des vertieft liegenden alten Flussbettes gekannt, wäre ich beim Schleppen auf Hecht bestimmt »Schneider« geblieben, denn genau hier standen die Hechte.

Tipp 67
Spezielle Schleppposen verhindern das Hochrutschen der Pose.

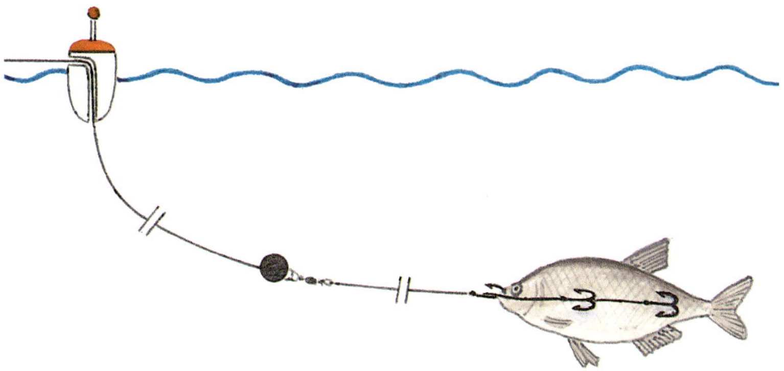

Schlepppose mit gebogenem Schnurdurchlauf.

Der Wels

Der Wels ist der größte einheimische Fisch und verlangt dem Angler beim Drill alles ab.

Der Wels – im Volksmund auch Waller genannt – ist ein lichtscheuer Raubfisch, der vornehmlich am Gewässerboden lebt. Bevorzugt hält er sich an Mündungsbereichen und Außenkurven von Flüssen und in Seen mit tiefen Löchern, Rinnen und steil abfallenden Kanten auf. Zusammen mit mehreren Artgenossen zieht er sich auch gern in schwer zugängliche Verstecke – versunkenes Holz oder ausgespülte Höhlen – zurück. Besonders wohl fühlt er sich in warmen, angetrübten Gewässern mit schlammig-sandigem Grund. Der schuppenlose Fisch wird bei den Petrijüngern immer beliebter, ist er doch mit bis zu 100 Pfund und zwei Meter Länge der größte Fisch hierzulande. In Ebro oder Rhône, im Po- oder Wolgadelta fängt man noch größere.

Welsangeln will gut vorbereitet sein

Ein Welsangler muss sich intensiv auf den ersten Angeltag vorbereiten. In größeren Flüssen oder Seen benötigt er zum Auffinden der tiefen Standplätze unbedingt ein Echolot, es sei denn er kann sich einem Experten anschließen, der das Gewässer kennt. Machen Sie sich noch bei Tageslicht mit dem Angelplatz vertraut, denn die ersten Stunden nach Sonnenuntergang sind Erfolg versprechend. So können Sie sich auch bei einbrechender Dunkelheit sicher und lautlos am Ufer bewegen und wissen, wo Krautbänke oder überhängende Bäume den Drill behindern könnten. Erkundigen Sie sich aber vorher genau, ob Nachtangeln erlaubt ist.

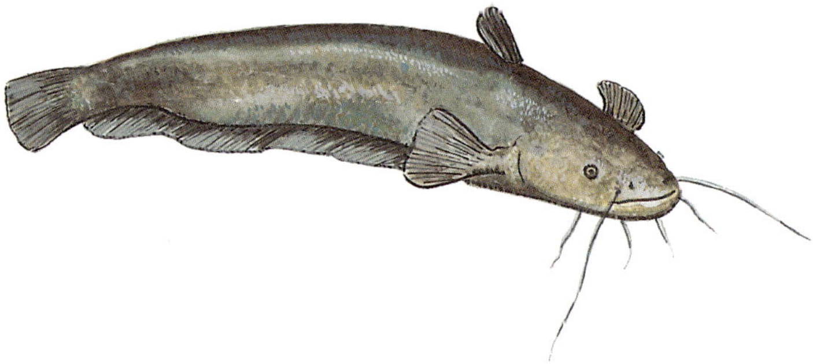

Der scheue Wels lebt in tieferen Wasserregionen.

Wann der Wels am besten beißt

Im Rhein, Main und Neckar erwacht seine Fresslust im April, an Warmwasserausläufen von Kernkraftwerken sogar früher. Meist wallert es so richtig in der Dämmerung und nachts. Aber im Sommer sind auch tagsüber gute Fänge möglich.
Bei der Fangmethode muss man unbedingt die ausgeprägten Sinnesleistungen des bärtigen Grundbewohners berücksichtigen, der zwar mit seinen kleinen Knopfaugen schlecht sieht, dafür aber umso besser hört und mit seinen sechs Barteln vorzüglich riechen und tasten kann.

Tipp 68
Die besten Fangergebnisse beim Wels erzielt man in der Regel nach Sonnenuntergang.

Welsangeln im See

Die beste Wallerzeit im See sind die Sommermonate mit ihren lauen Abenden, wenn die Mückenschwärme über die glatte Wasseroberfläche schwirren. Besonders viel verprechende Orte sind Flachwasserbereiche in der Nähe abfallender Kanten. Auf den größten Süßwasserräuber sollte man nur mit einer sehr kräftiger Rute, robusten Wirbeln (Meereswirbel bis 80 Pfund Tragkraft; Karabiner eventuell weglassen, das erhöht die Tragkraft), einer großen Stationärrolle (bespult mit 0,30er geflochtener oder 0,60er-Monofil-Schnur) und großen Wallerhaken (1/0 bis 8/0) losziehen. Wer bei der Rute sparen will, verwendet eine Drei-Meter-Pilkrute oder eine kräftige Karpfenrute mit guter Aktion. Und noch etwas ist wichtig: Welse haben ein riesiges Maul und schätzen daher besonders große Köderfische (ab 200 Gramm) oder ein Tauwurmbündel (mindestens fünf Würmer).

Wie Sie den Köderfisch legen

Dem Köderfisch am 0,5 bis 1 Meter langen 0,55er-Monofil-Vorfach (oder 0,30er geflochtenen) verschafft man durch eine Luftinjektion mit einer Einwegspritze, mit etwas Styropor im Maul und einem Korkstück (Styropor) vor dem Wirbeltönnchen etwas Auftrieb, damit der Wels den Happen besser wahrnehmen kann. Zusätzliche Lockwirkung bekommt unser Köder, wenn wir ihn alle paar Minuten etwas heranzupfen. Verwendet man eine Freilaufrolle und auf der Rutenab-

Tipp 69
Füttern Sie an der Angelstelle Weißfische an, dann kommt der Wels eher zu Besuch …

lage einen elektronischen Bissanzeiger sowie eine Seitenbleimontage, kann der Wels ungehindert (aber nicht unbemerkt!) Schnur abziehen. Der Anhieb sollte früh erfolgen. Den Köder sollte man mindestens einen Meter über Grund anbieten. »Verdächtige« Stellen kann man auch mit schweren Posenmontagen mit Durchlaufblei anwerfen. Locken Sie durch indirektes Anfüttern mit einem Panier-/Maismehlgemisch Weißfische an, denen oft ein neugieriger Waller oder ein strammer Hecht folgen. Direktes Anfüttern mit Fischen und Fischstücken sollte man bereits einige Tage vor dem Angeln beginnen.

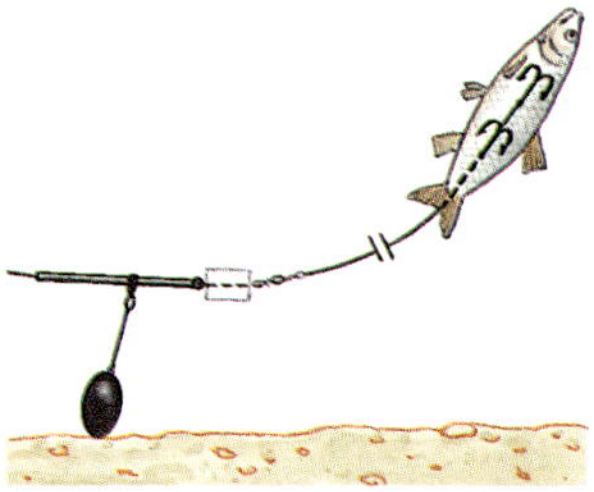

»Schwebfisch« am Anti-Tangle-Boom.

Welsangeln im Fluss

Im Fluss raubt der Wels gern in der Nähe von Strömungskanten, Sandbänken, Buhnenfeldern und unterspülten Außenkurven. Hier verwendet man (wegen des viel geringeren Schnurdurchmessers) eine 0,30er-Geflochtene und stellt die Rute am Ufer relativ steil auf (Dreibein), damit der Strömungsdruck auf die Schnur so gering wie möglich bleibt. Je nach Strömung sind schwere Birnenbleie (bis 150 Gramm) an schwächerer Seitenbleimontage (Sollbruchstelle bei Hängergefahr!) zu empfehlen. Eine Freilaufrolle gibt trotz fester Bremse widerstandslos Schnur beim Biss frei.

Wenn das Wasser kühl ist, biete ich den Köder am Grund an, weil dann die Waller wenig aktiv sind. Ansonsten sollte man dem Köder Auftrieb durch eine Unterwasserpose verleihen oder den Köderfisch mit der Pose im Oberflächenbereich anbieten, denn der Wels holt sich seine Beute gerne im Freiwasser. Die Unterwasserpose (bis 20 Gramm) kann mit zwei Stoppern auf dem Vorfach fixiert werden oder direkt vor dem Wirbel.

Tipp 70
Heben Sie den Köder durch eine Unterwasserpose an.

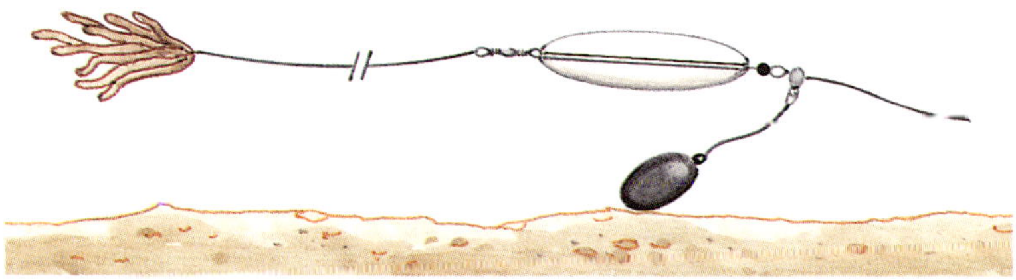

Wurmbündel, mit Unterwasserpose angeboten.

Welsangeln mit der Spinnrute

Die Spinnrute sollte 40 bis 80 Gramm Wurfgewicht haben. Große Blinker ab 20 Gramm mit 2/0er-Drilling sind im Frühjahr oder Sommer im flacheren Wasser Erfolg versprechend – vorausgesetzt, sie werden langsam und variabel im Freiwasser geführt. Auch nachts lohnt sich ein Versuch.

Geräuschempfindlicher Wels

Bedenken Sie, dass Welse sich häufig durch Geräusche provozieren lassen. Schließen Sie deshalb beim Wurf den Rollenbügel, bevor der Blinker ins Wasser eintaucht, dann fällt er seitlich und somit laut klatschend auf die Oberfläche; das hat schon so manchen Wels am Grund des Gewässers verlockt nachzuschauen, was da oben los ist.

Die Kuttjer-Methode

Das Kuttjern betreibt man auf Flüssen vom abtreibenden Boot aus. Dabei wird der Waller mit einem speziell gefertigten Wallerholz, das im Fachgeschäft erhältlich ist, geräuschvoll zum Haken gelockt. Beim Kuttjern lässt man den Köder an einer Durchlaufbleimontage zum Grund absinken und kurbelt ihn anschließend wieder einige Meter hoch. Die rechte Hand hält die über die Oberschenkel abgelegte Rute. Mit der linken Hand führt man das Wallerholz und sticht es dicht am Boot im Sekundenabstand bis kurz unter die Wasseroberfläche ein und mit einer schnell nach hinten oben geführten Bewegung des Handgelenks wieder heraus. Je nach Flusstiefe gibt es Hölzer mit ausgehöhlten Köpfen (tiefes Wasser) oder geradem Ende. Es entsteht ein gurgelndes Geräusch, das den Räuber auch tagsüber vom Grund an den Haken lockt. Kuttjern sollte man etwa fünfmal innerhalb von fünf Sekunden mit einer anschließenden Schlagpause von 30 bis 60 Sekunden (je nach Strömungsgeschwindigkeit). Die Methode ist vor allem in tieferen Gewässern erfolgreich.

Tipp 71
Mit der Kuttjer-Methode locken Sie den Wels eventuell auch tagsüber an den Haken.

Der Zander

Der Zander ist ein meist vorsichtiger, scheuer Fisch, der hohe Ansprüche an den Angler stellt, der ihn überlisten will. Er liebt angetrübte Gewässer mit hartem Grund. Tagsüber hält sich der lichtempfindliche Geselle an tieferen Stellen wie Scharkanten, Abhängen von Barschbergen, abfallenden Kanten vor Buhnen, Spundwänden in Hafenbecken und Staubereichen sowie in Löchern am Gewässergrund auf. Von diesen Standplätzen aus sollte er es jedoch nicht allzu weit in Flachwasserbereiche haben, wo er seinen meist kleineren Beutefischen nachstellt. Aufgrund seines hervorragenden Sehvermögens schleicht sich der Zander bevorzugt an nebligen, bewölkten Tagen in der Abenddämmerung und in den ersten Nachtstunden an seine Futterfische heran – am liebsten in kleinen Trupps.
Der Zander ist ein ausgezeichneter Sport- und Speisefisch, aber auch ein berüchtigter Räuber, der in allen größeren Seen und Flüssen West-, Mittel- und Osteuropas zu Hause ist; er ernährt sich vor allem von kleinen bis mittelgroßen Fischen.

Der Zander ist ein lichtempfindlicher Geselle.

Wann der Zander am besten beißt

Tipp 72
Die besten Chancen auf einen Zanderangelerfolg bestehen im März und Juni sowie im Herbst.

Besonders beißfreudig ist der Zander vor und nach dem Laichakt (März und Juni) sowie im Herbst. Im Sommer lassen sich Zander am besten abends und nachts in den oberen Wasserschichten oder ufernah überlisten. Im Winter sucht man sie besser tagsüber an den tiefsten Stellen. Generell ist dieser Fisch für den Angler das ganze Jahr über interessant. Außerdem ist er – im Gegensatz zum Hecht – fast immer hungrig, weil die kleinen Beutefische rasch verdaut sind.

Grundangeln auf Zander

Der Zander hat eine Vorliebe für Köderfische und Fischfetzen, die da angeboten werden, wo er sich meist aufhält – nämlich mit einem möglichst leichten Durchlaufblei auf Grund. Es empfiehlt sich in jedem Fall, die Köderfische seitlich leicht einzuritzen – dann packen die »Hechtbarsche« eher zu. Ich verwende eine weiche 3,3-Meter-Rute mit durchgehender Aktion und einem Wurfgewicht bis zu 50 Gramm, eine 25er dehnungsarme Hauptschnur und ein 70 Zentimeter langes 18er bis 22er-Vorfach. Den Köderfisch (vier bis zwölf Zentimeter) ziehe ich mit der Ködernadel auf einen nadelscharfen, dünndrahtigen 2er bis 6er-Haken mit kleiner Auftriebs-Styropor-Kugel. Damit der Köderfisch gerade und nicht stark gekrümmt am Grund angeboten werden kann, verknote ich das Vorfach über eine Schlaufe an der Schwanzwurzel, bevor ich es in den Wirbel einhänge.

Varianten beim Grundangeln

An unbekannten Gewässern biete ich den Köderfisch äußerst langsam zupfend an, indem ich die Rutenspitze gefühlvoll nach hinten führe, ohne zu kurbeln. Beim Biss senke ich die Gerte tief nach vorne ab, warte, bis der Zander die schlaffe Schnur gespannt hat, und schlage dann an. Für dieses sensible Absuchen des Grundes befestige ich einen Meter vor dem Haken ein zehn Gramm schweres Kugelblei.

Tipp 73
Ritzen Sie die Köderfische, die Sie dem Zander anbieten, seitlich leicht ein.

An stehenden Gewässern, die ich gut kenne, angle ich mit offenem Rollenbügel und optisch-akustischem Bissanzeiger. Ich lasse den Stachelritter immer erst einige Meter Schnur abziehen, bevor ich den Rollenbügel schließe und bei gestraffter Schnur anschlage.

Zanderangeln am Fluss

Am Fluss bevorzuge ich eine Freilaufrolle. Der Stachelritter kann trotz geschlossenem Rollenbügel und eingestellter Bremse ungehindert Schnur abziehen. Für einen guten Schnurdurchlauf sorgen zudem ein Tiroler Hölzl (je nach Strömung 10 bis 80 Gramm) und ein so genanntes Anti-Tangle-Röhrchen zwischen Wirbel und Blei. Läuft

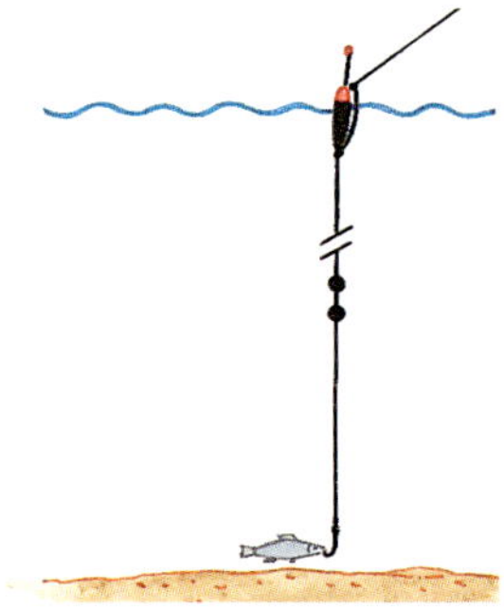

Köderfisch an Lippenköderung.

die Schnur ab, kann ich mit einer kurzen Handbewegung bzw. Kurbelumdrehung den Freilauf blitzschnell ausschalten und mit dem Anheben der Rute gleichzeitig anschlagen. Wenn ich im Fluss aktiv angeln will, wähle ich das Grundblei leichter und kurble den Köderfisch langsam heran. Bei einem Biss öffne ich den Rollenbügel, lasse dem Zander einige Sekunden Zeit zur Köderaufnahme und schlage dann an. Der Drill kann beginnen.

Was Sie beim Köder beachten sollten

Den Köder muss man je nach Jahreszeit unbedingt dem Beißverhalten der Fische anpassen. Im Sommer, wenn die Kammschupper auf Brutfische scharf sind, biete ich manchmal kleine 3-Zentimeter-Fetzen am 10er Haken an, im Herbst 12-Zentimeter-Fetzen am 5er-Drilling.

Tipp 74

Eine kleine Styroporkugel vor dem Köder sorgt für einen leichten Auftrieb. Dadurch kann der Köder vom Zander leichter eingesaugt werden.

Damit der Fisch beim Biss und Abziehen keinerlei Widerstand spürt, verwende ich ein Tiroler Hölzl oder ein Blei mit Auftriebskorken. Eine kleine Styropor-Kugel vor dem Köder gibt etwas Auftrieb und ermöglicht dem Zander ein leichteres Einsaugen des Köders.

Fischfetzen am Einzelhaken.

Posenangeln auf Zander

Posenangeln auf die Stachelritter beobachte ich immer seltener, obwohl man gerade vom Boot aus – vor allem auf größeren Gewässern – durchaus Erfolg haben kann. Dies gilt besonders dann, wenn man mit dem Echolot die Standplätze der Fische gefunden hat.

Vom verankerten Boot aus lässt man den Köderfisch knapp über Grund an leichter, schlanker, gut ausgebleiter (Klemmbleie) Pose (vier bis zwölf Gramm) am 18er bis 22er-Vorfach mit dem Wind über fangträchtige Stellen treiben. Halten Sie sich an folgende Faustregel: Je tiefer das Gewässer, desto schwerer die Pose. Kleinere Köderfische befestige ich am Einfachhaken – ebenso längliche Fischfetzen, so genannte »Fischfähnchen«.

Tipp 75
Schlagen Sie stets mit gespannter Leine an, damit der Haken gut im Zandermaul fasst.

Größere Köderfische hänge ich lieber am Zwillingshaken an der Rückenflosse ein, damit sie natürlicher im Wasser schweben. Verschwindet die Pose, öffnet man den Bügel, gibt Schnur und schlägt nach einigen Sekunden an. Der Anschlag sollte mit gespannter Leine erfolgen, um den 4er-Haken im harten Zandermaul zu verankern. Damit man die Schnur beim Anschlag besser aus dem Wasser heben kann, ist es ratsam, die ersten Meter der Schnur bis zur Pose einzufetten. Man beachte aber wieder: Wer mit so dünner, dehnungsarmer Schnur angelt, benötigt unbedingt eine weiche Rute, die die harten Stöße der zum Grund bohrenden Fische abfedert.

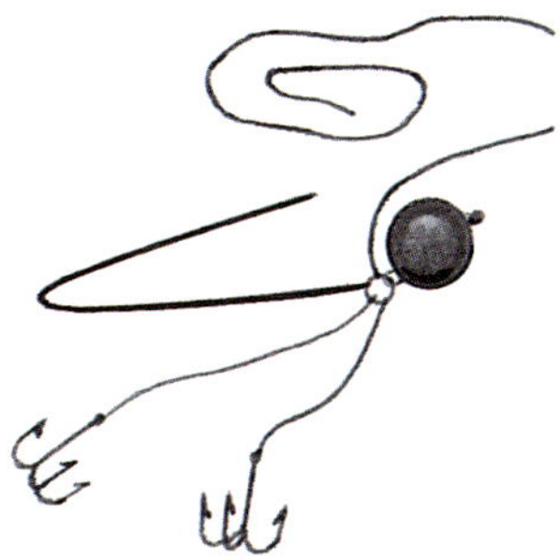

Das Drachkovitch-System mit zwei Drillingen und Wickeldraht.

Zander angeln mit dem Drachkovitch-System

Beim Angeln vom Boot aus favorisiere ich dieses System mit zwei Drillingen und einem schlanken, kleinen Köderfisch. Durch ruckartiges, stufenartiges Zupfen oder weiches Heben und Senken der Rute in Grundnähe kann man große Flächen nach Zander, Hecht (Kevlar-Vorfach benutzen!) und Barsch absuchen – ja selbst beim Schleppen in der Dämmerung brachte mir dieses System schon manchen ansehnlichen Zander ein. Vom Boot aus verwende ich eine 2,20-Meter-Rute mit klarer Spitzenaktion und bis 60 Gramm Wurfgewicht – so ist jeder Zupfer spürbar. Aber auch vom Ufer aus kann man mit einer dreieinhalb Meter langen Rute erfolgreich sein.

Das montierte Drachkovitch-System.

So wird das System montiert

▶ Hängen Sie zunächst das frei bewegliche Kopfblei in einen kleinen Wirbel ein.

▶ Schieben Sie die Metallklammer über das Maul in den Köder. Der Kupferdraht – durch die Kiemen gestochen und um das Maul gewickelt – stabilisiert den Köderfisch.

▶ Schließlich fixieren Sie an jeder Köderfischflanke je einen Drilling. Wichtig: Bei einem eventuellen Biss sofort anschlagen! Als Hauptschnur verwende ich eine dehnungsarme 25er bis 28er-Monofil-Schnur. Und falls Sie einmal keinen toten Köderfisch zur Hand haben sollten, montieren Sie einfach einen weißen oder grünen Gummifisch – das funktioniert meist genauso gut.

Schleppangeln beim Zander

Tipp 76
Langsames Schleppen bringt im Herbst oft Erfolg.

Im Herbst nimmt die Lust des Zanders auf verführerisch geschleppte Köder zu. Tagsüber ist der Fisch in der Tiefe zu suchen, in der Dämmerung eher in den oberen Wasserschichten. Zu fangen ist er nur bei langsamem Schlepptempo. Ich benutze gerne schwimmende oder sinkende 11 bis 20 Zentimeter lange Rapala- und Hilo-Wobbler (gelb und orange).

Auch Silikonfische (Shads) – am Schwimmkopf-Jig und 80-Zentimeter-Vorfach mit einem Draht-Seitenarm-Bodentaster auf Tiefe gebracht – können zum Erfolg führen. Der Zander hält die Gummifische fälschlicherweise für Beutetiere. Habe ich Fehlbisse, montiere ich noch einen Drilling im Schwanzbereich.

Schwimmkopf-Jig am Bodentaster.

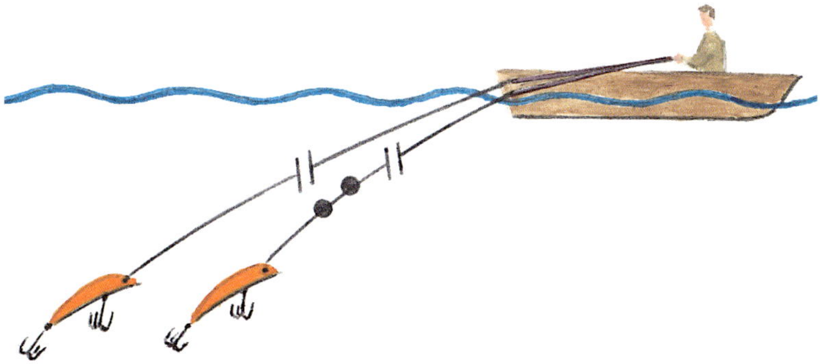

Wobbler mit und ohne Vorblei (abends).

In der Dämmerung decken vorbebleite Hilos und Rapalas den Bereich zwischen einem und vier Metern Wassertiefe ab. Das Blei sollte jedoch mindestens einen Meter Abstand zum Köder haben, sonst beeinflusst es die Laufeigenschaften des Wobblers negativ.

Tiefschlepptechnik mit Schwimmwobblern

Für die Tiefschlepptechnik mit Schwimmwobblern verwende ich einen Dreiwegewirbel, von dem aus das Walker-Bodentastblei am Ein-Meter-Vorfach ab 20 Gramm aufwärts, das Wobblervorfach (zwei bis zweieinhalb Meter) und die Hauptschnur (geflochten) abzweigen. Je nach Bleigewicht, Ködergröße und Tiefe müssen die Ruten relativ kräftig gewählt werden (ab 60 Gramm Wurfgewicht).
Häufig knabbern die Zander am Köder – die Rute ruckt dann. Der Anschlag darf aber erst gesetzt werden, wenn sich die Gerte mehr oder weniger stark durchbiegt.

Tipp 77
Schlagen Sie erst an, wenn sich die Rute beim Biss biegt.

Zanderangeln mit Twistern

Für viele Zanderspezialisten ist der Twister oder Plastikfisch der Zanderköder Nummer eins! Auf einen Jig-Kopf mit großem Einzelhaken (6 bis 6/0) aufgezogen, bewegen sich die Köder selbst bei langsamster Führung verführerisch. Für den Angler steht ein breites Sortiment in allen Farben zur Auswahl. Grundsätzlich kann man sagen: Je trüber das Wasser ist, desto auffälliger muss der Twister sein!

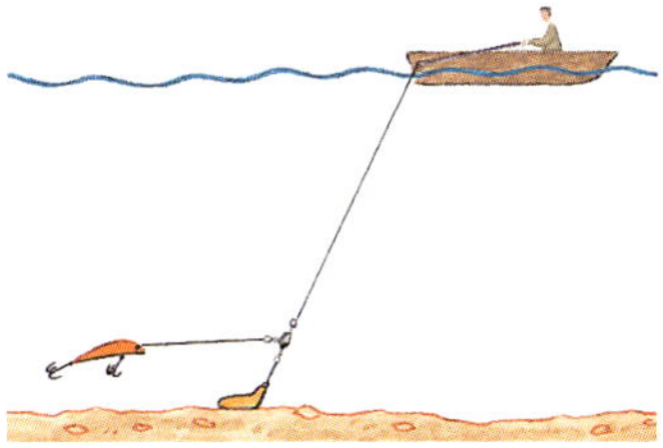

Tiefschleppen mit Walker-Bodentastblei (tagsüber).

Richtige Rutenablage im Boot

Legen Sie Ihre Rute im Boot stets so ab, dass die Hauptschnur gestrafft ist. Das gelingt umso besser, je näher sich die Rutenspitze an der Wasseroberfläche befindet. Mit hoch gestellter Gerte und durchhängender Schnur bleiben Sie sonst bei den meist vorsichtig beißenden Kammschuppern erfolglos. Bootsrutenhalter sollten nach diesem Gesichtspunkt ausgewählt und sorgfältig angebracht werden.

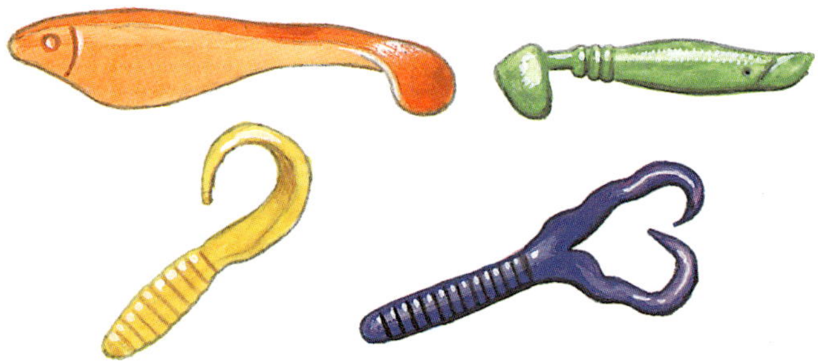

Twisterformen: Gummifische, Twister, Doppelschwanz-Twister

Erfolgreiche Kombinationen

Der Gummifisch ist auch gut mit dem Drachkovitch- oder Corsar-System kombinierbar. Um an die tiefen Stellen der Baggerseen oder in die Fahrrinne von Flüssen zu gelangen, benutzt man eine mindestens drei Meter lange Spinnrute mit 30 Gramm Wurfgewicht. Eine längere Rute führt den Jig-Kopf und den gehakten Fisch besser. Vom Boot aus genügt eine Zwei-Meter-Rute mit einer dehnungsarmen 25er-Schnur und einem 20er Vorfach – bei Hechtvorkommen benutzt man ein Kevlar-Vorfach. Für die erwähnten Weitwürfe sind natürlich spezielle Montagen notwendig, um die leichten Jig-Köpfe zum tief stehenden Zander zu bringen. Die Abbildung zeigt die Möglichkeit mit vorgeschaltetem Walker-Blei (5 bis 20 Gramm), das ideal für die Bodenführung geeignet ist. Wenn die Stachelritter die weichen Happen ablehnen sollten, dann ziehen Sie einfach einen appetitlichen Fischfetzen auf die Schwimmköpfe auf!

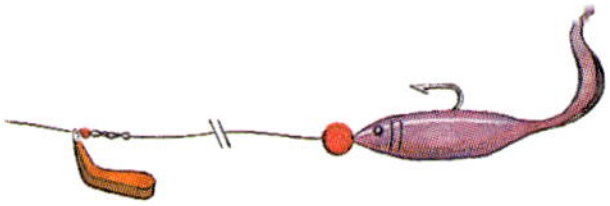

Vorgeschaltetes Walkerblei.

Schwimmende Twisterköpfe

Damit der Twister über Grund langsam geführt werden kann, verwendet man schwimmende Twisterköpfe am schwimmenden 50- bis 100-Zentimeter-Vorfach (im Fluss kürzer, im See länger). Für weite Würfe ist auch ein speziell entwickeltes Bodentastblei empfehlenswert, das einen Auftriebskörper besitzt. Ein Weichplastikfisch am Schwimmkopf oder ein Fischfetzen können so ideal angeboten werden.

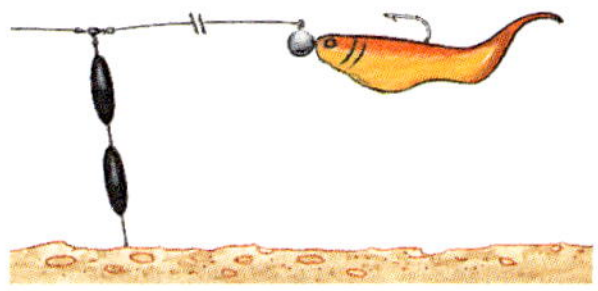

Bodentastblei mit Auftriebskörper.

Was bei der Köderführung zu beachten ist

Gerade bei Twistern spielt die richtige Köderführung eine große Rolle. Klar ist, dass man variieren muss: einerseits hüpfend über den Grund führen, andererseits ruckartig Köder hochreißen, dann wieder gefühlvolles mehrstufiges Pilken. Auch wirkt ein Wechsel zwischen langsamen und etwas schnelleren Spinnphasen auf den Zander höchst anregend.

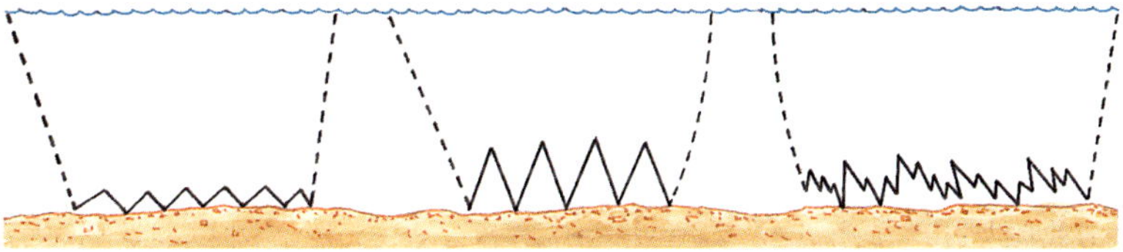

hüpfend *ruckartig* *mehrstufig*

Die Rutenspitze macht die kleinen Pilkbewegungen mit, so dass die Schnur straff bleibt und man Fehlbisse in Grenzen halten kann – denn häufig nehmen die Zander den weichen Happen, während man ihn gerade absinken lässt. Wenn man sehr hängerträchtigen Grund hat, ist es angeraten, knapp über Grund (treppenartig) zu twistern.

Tipp 78

Je variantenreicher Sie beim Zander den Köder führen, desto neugieriger wird der Fisch.

Zander im Brackwasser

Immer beliebter wird rund um Usedom oder Rügen das Angeln im Brackwasser. Wenn auf Grund der Strömung schwere Jighaken und große Gummifische bis 40 g eingesetzt werden müssen, ist starkes Spinngerät angesagt. Ruten bis 80 g Wurfgewicht, eine 15er geflochtene Hauptschnur, als Vorfach Stahl (Hechte!) und im klaren Wasser eine starke Monofile sind ein Muss!

Meeresfische

Die Ost- und Nordsee ist die Heimat vieler beliebter Angelfische.

Der Dorsch

Für die meisten Angler in der Nord- und Ostsee ist der Dorsch der wichtigste Fisch schlechthin: Vor unserer Ostseeküste ist dieser Fisch – auch Kabeljau genannt (sobald er geschlechtsreif ist) – oft die einzige Beute, die an den Haken geht.
Ob an der Ostküste von Fehmarn aus als Zweipfünder, vom Kutter aus als Achtpfünder oder im Öresund als Dreißigpfünder – der gefräßige Räuber ist vor allem wegen seiner Kampfkraft und seines festen, schmackhaften weißen Fleisches beliebt. Im Schwarm oder in Trupps meist gleichaltriger Tiere hält er sich über Seegraswiesen und Tangfeldern auf, wobei er seine Färbung (grau, grün, rötlich) dem Grund anpasst. Ständig ist er auf der Jagd nach Krebsen, Seesternen, Würmern und Kleinfischen. Mit zunehmendem Alter stellen Dorsche den Heringen nach. Leider sind die Dorschbestände weltweit aufgrund von Überfischung dezimiert.

Dorschweibchen können bis zu sieben Millionen Eier legen.

Der Dorsch ist der Brotfisch der Meeresangler.

Brandungsangeln beim Dorsch

Will man vom Ufer aus an einen Dorsch herankommen (am besten bei auflandigem Wind), benötigt man starkes Brandungsgeschirr: eine dreieinhalb bis viereinhalb Meter lange Brandungsrute (100 bis

250 Gramm Wurfgewicht), mit der man Bleie von 100 bis 200 Gramm – bei starker Brandung Krallenbleie – so weit wie möglich in das tiefere Ostseewasser katapultieren kann. Gewässerkarten sind beim Auffinden tieferer Stellen sehr nützlich. Gerade für den Anfänger können die Gewaltwürfe beim Brandungsangeln vor allem für den Zeigefinger, der die Schnur hält, schmerzhaft werden – ein Handschuh kann die Schmerzen lindern.

Ein geübter Werfer erreicht 120 bis 160 Meter; allerdings ist dazu entsprechendes Zubehör nötig: 300 Meter dehnungsarme monofile Zwölf-Kilogramm-Hauptschnur (0,35er), der eine etwa acht Meter lange Schlagschnur (0,60er) vorgeschaltet ist, sowie eine konisch zulaufendes salzwasserfeste Rolle (Schlagschnurknoten siehe Seite 11). Abends und nachts sind solche Gewaltwürfe nicht nötig, da dann der Dorsch näher unter Land kommen. Die Angel wird nach dem Wurf relativ steil in einem Winkel von 60 bis 80 Grad aufgestellt. Als Rutenstütze haben sich Dreibeine sowohl bei Sand- als auch bei Kiesstrand bestens bewährt.

Als Bissanzeiger kann ein Glöckchen oder – nach Beginn der Dämmerung – ein Knicklicht dienen. Eine Petroleumlampe leistet zusätzlich nützliche Dienste. Die beißenden Dorsche haken sich in der Regel selbst. Man bemerkt es am Rucken der Rutenspitze. Ein Anschlag erübrigt sich.

Tipp 79

Besorgen Sie sich zum Dorschfischen eine Gewässerkarte, in der die tiefsten Stellen eingezeichnet sind.

Das richtige Vorfach

Und so sieht das Vorfach aus: Am Ende des 120 Zentimeter langen 0,70er Vorfachs hängt ein schweres Mehrkantblei (100 bis 200 Gramm) in einem Wirbel. Am Vorfach werden an drehbaren Wirbeln oder Dreiwegewirbeln zwei etwa 30 Zentimeter lange Mundschnüre (0,35er) mit einem 1/0er-Haken befestigt.

Damit sich die Mundschnüre bei den Weitwürfen und dem Gegenwind nicht verhaken, kann man Einhängeclips für die Haken montieren. Beim Aufprall des Vorfachs auf dem Wasser lösen sich die Haken automatisch aus den Hakenhaltern und die Köder liegen verlockend auf dem Meeresboden. Brandungsvorfächer kann man natürlich auch fertig gebunden kaufen.

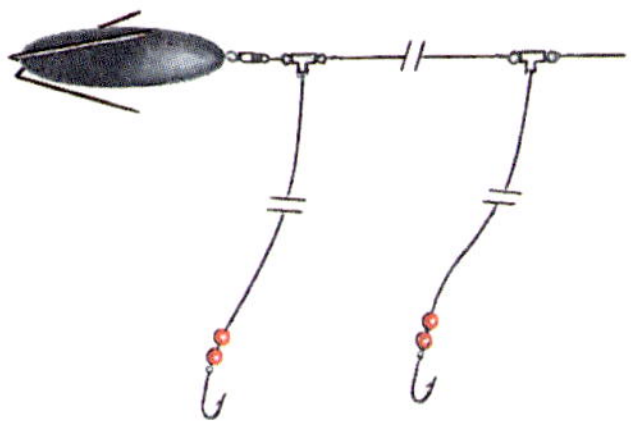

120-Zentimeter-Vorfach mit Krallenblei

Wie Sie den Dorsch am besten ködern

Die besten Dorschköder sind Watt- und Seeringelwürmer. Dabei sollten Sie auf Folgendes achten:

Tipp 80
Die besten Köder für den Dorsch sind Watt- und Seeringelwürmer.

- Beim Anködern darf der Wurm nicht mehrfach durchstochen werden oder ein Ende herunterhängen.
- Der fängige Köder sollte mit der Ködernadel auf den langschenkligen Wurmhaken gezogen werden – und zwar mit dem dünnen Ende zuerst.
- Wenn ein Dorschschwarm am Angelplatz eintrifft, ist es ratsam, zwei bis drei Wattwürmer auf Ködernadeln aufgezogen griffbereit zu haben. Dorsche lieben dicke Appetithappen.
- Zwei knallbunte Auftriebsperlen vor jedem Haken ziehen den Dorsch im aufgewühlten Wasser an und verhindern ein Abknabbern des Köders durch gefräßige Krabben.

Tipp 81
Wattwürmer bleiben länger frisch, wenn Sie sie in leicht mit Salzwasser befeuchtetes Zeitungspapier einwickeln und kühl aufbewahren.

Übrigens: Wattwürmer bleiben lange frisch, wenn sie in leicht mit Salzwasser befeuchtetem Zeitungspapier im Schatten oder kühl aufbewahrt werden. Für alle Küsten gilt, dass bei auflaufendem Wasser, also hereinkommender Flut, die Fische am besten beißen! In der wärmeren Jahreszeit beißen viele Aale als Beifang. Die Dorsche »laufen« am besten im Herbst, Winter und beginnenden Frühjahr.

Was Sie beim Pilkangeln beachten sollten

In der Ostsee um Fehmarn oder Kappeln herum wird meist relativ leicht gepilkt. Die 100- bis 200-Gramm-Rute ist auf Pilkgewichte zwischen 60 und 100 Gramm ausgelegt und zwischen 2,4 und 3,4 Meter lang. Längere Ruten sollten nur solche Angler wählen, die es bevorzugen, vom treibenden Boot weit auszuwerfen. Das bringt meist einen besseren Fangerfolg als das bloße Ablassen des Pilkers.

Wenn Sie vom Boot weit auswerfen wollen, sollten Sie eine lange Rute wählen.

Die richtige Köderführung

Der Metallköder muss einem fliehenden oder taumelnden Beutefisch ähneln und deshalb entsprechend in Grundnähe geführt werden. Ist der Pilker am Grund angekommen, schließt man den Rollenbügel, hebt die Rutenspitze sofort an und holt etwas Schnur (dehnungsarme 0,20er geflochten) ein.

Nun beginnt ein gefühlvolles, mehrstufiges Heben und Senken des Köders. Das verführt selbst beißfaule Sommerdorsche. Gute Beifänger, die als Springer an einer nur wenige Zentimeter langen Mundschnur über dem Pilker in die Hauptschnur geknüpft werden, erhöhen die Fangchancen. Ich montiere jedoch nie mehr als zwei Beifänger; dabei bevorzuge ich rote, rot-weiße oder gelbe. Die Rolle sollte ca. 200 Meter 0,40er-Schnur fassen.

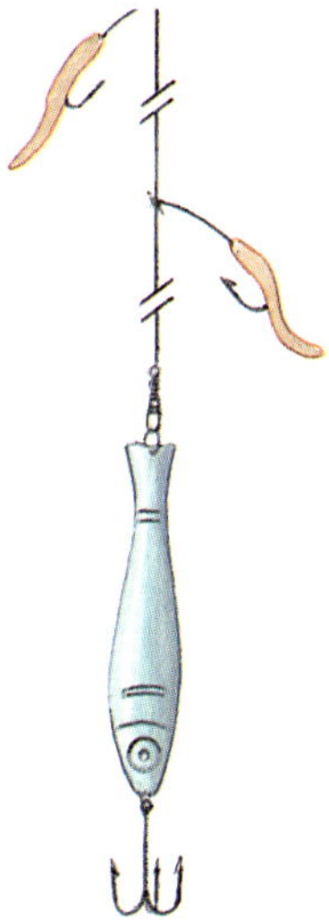

Pilker mit Beifängern.

So lässt sich der Reiz noch steigern

Um den Reiz des Pilkers zu steigern, hänge ich manchmal in den Pilkerwirbel zusätzlich einen gelben oder roten Einzelschwanz-Twister am 1/0er-Haken ein. Fertig gebundene Dorschsysteme gibt es in jedem gut sortierten Angelgeschäft.

In tieferen Gewässern oder falls größere Dorsche zu erwarten sind, sollten stärkeres Gerät und eine geflochtene, dehnungsarme Schnur gewählt werden, weil mit einer monofilen, dehnbaren Schnur der Kontakt zum Pilker verloren geht und der Anhieb nicht mehr effektiv durchkommt.

Hier noch ein paar Tipps zum Pilkangeln vom Kutter aus

- Das Heck und der Bug des Kutters sind die besten Angelplätze, weil man hier weit auswerfen kann, ohne die Mitangler zu behindern.
- Auf der Leeseite (dem Wind abgewandte Seite) bringt Vorauswerfen den größten Fangerfolg.
- Auf der Luvseite (dem Wind zugewandte Seite) genügt es, den Köder senkrecht abzulassen.
- Das Angeln an der Leeseite ist in den meisten Fällen erfolgreicher als auf der Luvseite.
- Auf der Leeseite muss bei jedem Pilkvorgang etwas Schnur eingeholt werden, um den erwünschten kurzen Bodenkontakt des Pilkers zu haben. Auf der Luvseite sollten Sie hingegen etwas Schnur geben.
- Bevor der Pilker unter den treibenden Kutter gerät, müssen Sie ihn schnell einholen, sonst verwickeln sich die Angelschnüre.

Tipp 82
Verwenden Sie in tieferen Gewässern stärkeres Gerät und eine geflochtene, dehnungsarme Schnur.

Tipp 83
Achten Sie darauf, dass der Pilker nicht unter den Kutter gerät, sonst kann es »Schnursalat« geben.

Tipp 84
Passen Sie die Bebleiung den jeweiligen Strömungsverhältnissen an.

Grundsätzlich kann man gut vom verankerten oder vom driftenden Boot aus angeln. In beiden Fällen benötigt man eine kräftige, in der Spitze jedoch sensible Rute – wegen der Bissanzeige. Viele Angler verwenden gern Laufbleimontagen mit Antiverwicklungsröhrchen, um das ein bis drei Meter lange Vorfach verführerisch anzubieten. Hier kann das Blei blitzschnell ausgetauscht und den Strömungsverhältnissen angepasst werden.

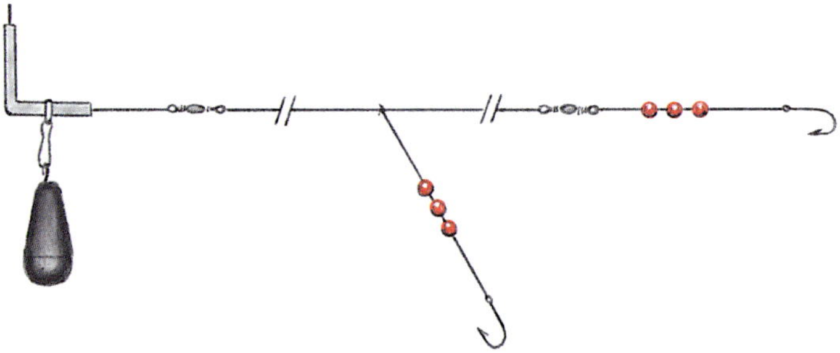

»Flatter«-Vorfach mit Lochperlen.

Einfacheres Locksystem.

Man kann jedoch auch einfachere Locksysteme einsetzen (siehe Abbildung links).

Was Sie beim Spinnangeln beachten sollten

Tipp 85
Führen Sie die Blinker beim Spinnangeln langsam und taumelnd.

Speziell im Frühjahr und Herbst besteht nach Sonnenuntergang bis zur einbrechenden Dunkelheit eine gute Chance, mit einer mittleren Drei-Meter-Spinnangel mit 40 Gramm Wurfgewicht und etwa 20 Gramm schweren Blinkern die »Ostseeleoparden« zu überlisten. Die Blinker (am besten schwarzrot, rotblau oder rotsilbern) müssen langsam und taumelnd geführt werden. Bei Dunkelheit können Sie es auch einmal mit einem schwarzen Blinker probieren.

Der Uferangler muss seiner begehrten Beute häufig in tieferes Wasser entgegengehen – der Lohn sind fast immer größere Fische, als sie der Brandungsangler erwarten kann. Beliebte Angelplätze sind die Ostseeküste und der Sund von Fehmarn, der Weißenhäuser Strand sowie die dänischen Inseln, beispielsweise Fünen und Langeland. Führt man den Blinker schnell, kann man auch Meerforellen haken.

Der Hering

Der Hering lebt in Schwärmen, die riesige Ausmaße annehmen können. Die so genannten »Heringsberge« enthalten viele hundert Tonnen Fisch. Heringe bevölkern die Nord- und Ostsee sowie den Nordatlantik. Der Ostseehering zieht für gewöhnlich im Frühjahr in die Kieler Förde oder die Schleimündung hinein und laicht dort ab. Selten werden die Silberlinge über 40 Zentimeter lang.
Tagsüber sind Heringe in Grundnähe zu suchen, abends und nachts steigen sie zur Wasseroberfläche empor. Heringe sind »Augentiere«, die sich von Plankton ernähren. Während der kalten Jahreszeit benötigen sie nur sehr wenig Nahrung.

Der Hering kommt in riesigen Schwärmen vor.

Das richtige Angelgerät für den Hering

Heringe fangen ist ein Kinderspiel, das kann doch jeder! Dieser und ähnliche Sprüche sind häufig zu hören. Doch das trifft nur dann zu, wenn die Fische im Schwarm dicht an dicht stehen. In deutschen Gewässern sollte man eine eher weiche Rute von 2,7 bis 3,5 Meter Länge und mit 50 bis 60 Gramm Wurfgewicht verwenden, damit beim Anlanden der Fische die Haken nicht aus dem weichen Maul ausschlitzen. Die Rutenspitze sollte die Fluchten der Fische gut abfedern. Ich knüpfe ein Herings-Paternoster mit fünf blanken Goldhaken an einer 25er-Schnur vor ein farbiges, wellenförmiges Heringsblei (30 bis 50 Gramm). Im Fachhandel sind diese Systeme günstig zu kaufen; teilweise wird der Reiz der Goldhaken noch durch ein Stückchen eingebundene Fischhaut erhöht. Wichtig ist für die Fische aber, dass die Haken blinken!

Tipp 86
Je auffälliger ein Haken blinkt, desto leichter beißt der Hering an.

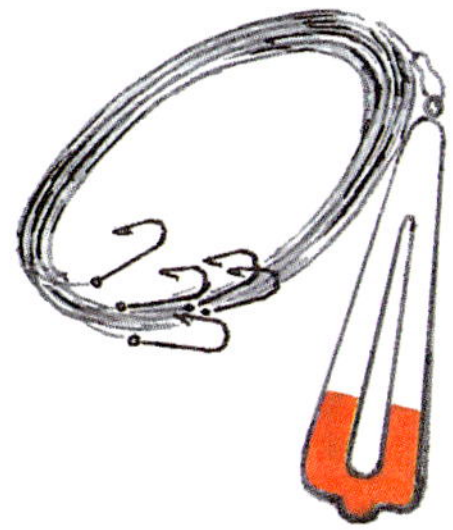

System mit Heringsblei.

Die beste Fangtechnik beim Hering

Tipp 87
Sie können ein Beutetierchen gut vortäuschen, indem Sie nach dem Absinken des Bleis leicht mit der Rutenspitze wippen.

Nach dem Ablassen oder Wurf des Systems lässt man die Köder an straffer Schnur absinken. Hat das Blei den Grund erreicht, wippt man nur leicht mit der Rutenspitze, um die Goldhaken erzittern zu lassen – das täuscht ein Beutetierchen vor. Das Blei liegt dabei fest auf.
Hängen Fische an den Haken, macht sich das durch ein deutliches Rucken im Spitzenbereich der Gerte bemerkbar. Jetzt wartet man entweder noch ein wenig, bis mehrere Haken besetzt sind, oder man holt langsam und gefühlvoll unter stetem Zug den Fang ein – sonst kann es passieren, dass ein ehemals voller Paternoster wieder leer ist. Die Beute befördert man mit leichtem Schwung an Land.

Tipp 88
Einen Heringsschwarm spüren Sie auf, indem Sie nach Möwenschwärmen Ausschau halten.

Tipp für Bootsangler

Spüren Sie auf der Ostsee oder an der norwegischen Küste einen Heringsschwarm auf – dabei ist ein Echolot sehr hilfreich, falls nicht gerade raubende Möwen die Fische verraten –, dann bieten Sie unbedingt am schweren Gerät (Pilkrute) einen ganzen Hering oder ein Heringsfilet, mindestens aber einen Pilker in Heringsform unter dem Schwarm an. So sind Überraschungen möglich, denn unter den Heringen jagen oft Räuber wie Dorsch und Seelachs.

Wenn die Heringe kommen …

Alljährlich erwarten Tausende von Anglern die Ankunft der riesigen Heringsschwärme in den Förden der Ostsee. Im Frühjahr ist es dann soweit: Ob in Kappeln oder Kiel – überall verbreitet es sich wie ein Lauffeuer, dass die Silberlinge die Förde hinaufziehen, um im Brackwasser abzulaichen. Dann gibt es ein großes Gedränge unter den Anglern. Man steht Schulter an Schulter, und jeder versucht, den Jahresvorrat an den delikaten Silberlingen für die Gefriertruhe zu erwischen. Es ist ein traditionelles gesellschaftliches Ereignis, das fest im Kalender der Bewohner der schleswig-holsteinischen Küstenregion steht. Selbst Gastangler aus Süddeutschland lassen sich dieses Abenteuer nicht entgehen und sind danach tagelang beschäftigt, die Heringe für die Küche zu verarbeiten.

Der Atlantische Lachs (Salmo Salar)

Ich möchte mich an dieser Stelle auf den Atlantischen Lachs beschränken, obwohl ich persönlich die schönsten Angeltage auf Lachs im September am Situk-River (Alaska) erlebt habe – hier fängt jeder Angler ohne größere Mühe jeden Tag seine Silber- oder Buckellachse. Dagegen ist in Europa der Misserfolg programmiert, wenn man nicht einige grundlegende Dinge beachtet. Ein hoher Wasserstand im Fluss ist Bedingung, dass die Salmoniden überhaupt aufsteigen; bei kleineren Lachsflüssen ist das nur nach ergiebigen Regenfällen oder starker Schneeschmelze der Fall. Außerdem gibt es »frühe« (Mai) und »späte« Lachsflüsse (August und September) – auch das muss man wissen, wenn man im Angelurlaub Lust statt Frust erleben will. In Irland und vor allem in Norwegen findet man genügend Möglichkeiten.

Tipp 89
Gehen Sie in Europa nur dann auf Lachsfang, wenn der Wasserstand des jeweiligen Flusses hoch ist.

Der Lachs.

Das bewegte Leben des Lachses

Im Salzwasser stellt der Lachs den kleineren Schwarmfischen nach, zieht bis vor die Küste Grönlands und frisst sich dick und rund.
Nach einigen Jahren verspürt er den Drang, sich wieder auf den Weg zu seinem Heimatgewässer zu machen. Dort angekommen (meist im Frühjahr), hat er nur noch eines im Sinn: seine Art zu erhalten. Für den oft langsamen und beschwerlichen Aufstieg bevorzugt der Lachs die Nachtstunden, tagsüber ruht er sich in den tiefen, strömungsarmen Gumpen des Flussbettes – den so genannten Pools – aus. Die anderen Strecken des Flusses durchschwimmt der Fisch relativ zügig, bis er schließlich in die flachen Kieselstrecken gelangt, wo er im seichten

Tipp 90
Postieren Sie sich an den Pools im Unterlauf des Flusses.

Tipp 91
Schleppangeln im Mündungsbereich ist meist Erfolg versprechend.

Flussbett seine Laichgruben anlegt. Im Süßwasser verspürt der Salmonide jetzt keinerlei Appetit mehr. Falls er doch einmal den Köder eines Anglers nimmt, sind das nur noch Restinstinkte seines Schnappreflexes. Je mehr sich der Lachs seinem Laichgrund nähert, desto geringer wird seine Beißlust. Entsprechend sinken auch unsere Chancen auf einen Angelerfolg.

Was Sie beim Spinnangeln beachten sollten

Der Spinnangler kann bereits im Mündungsbereich des Fließgewässers mit länglichen Blinkern oder Spinnern – Möre Silda, Mepps – versuchen, schleppend oder werfend den Fisch zum Biss zu verlocken – vorausgesetzt, man hat ein Boot zur Verfügung. Hier muss der Angler allerdings die Schonbezirke des Mündungsbereichs beachten. Im Fluss selbst sollte der Spinnköder umso größer und aggressiver gefärbt sein, je tiefer und trüber das Wasser ist. Fängig sind roter oder blausilberner Rapala-Köder – sinkend und bis zu elf Zentimeter groß, ein- oder zweiteilig, Abu Toby sowie die klassischen Lachs-Devons. Im Frühjahr, wenn das Wasser im Fluss noch hoch und kalt ist, sind schwerere, tief geführte Köder viel versprechend (messing- oder silberfarben), die im trüben Wasser reflektieren.

Tipp 92
Je wärmer das Wasser im Frühling wird, desto leichter müssen Sie die Köder wählen.

Wird im späteren Frühjahr das Wetter wärmer, sind größere und schwerere Köder passé – man sollte dann zu Ködern greifen, die höher im Wasser arbeiten und weniger auffällig sind (kupferfarben oder rot). In jedem Fall benötigt man eine starke Spinnrute von 2,70 bis 3,30 Meter Länge und 20 bis 50 Gramm Wurfgewicht mit 200 Meter 0,35-Millimeter-Monofil-Schnur und einer starken Stationärrolle oder Multirolle. Damit lassen sich die ersten Fluchten, bei denen der Fisch in einem Rutsch bis zu 50 Meter flussabwärts stürmt, gut abfangen. Der Köder wird geradlinig oder leicht stromauf zum anderen Ufer geworfen. Man lässt ihn noch einige Meter abdriften und holt ihn dann zügig, aber nicht hastig ein. Der Köder sollte im Mittelwasser spielen! Beißt ein Fisch, muss ein Anhieb erfolgen, damit der Haken im harten Maul fasst. Während des Drills sollte man ständig Druck auf den Fisch ausüben, damit er nicht zur Ruhe kommt.

Tipp 93
Bei einem Spaziergang am Wasser sollten Sie einheimische Angelexperten beobachten.

Wurmangeln auf Lachs

Besonders bei hohem Wasserstand ist ein Wurm fängig. Für das Wurmfischen werden weiche Ruten zwischen 3,50 und 5 Meter Länge verwendet. Am Dreiwegewirbel wird ein Tiroler Hölzl oder ein entsprechendes Blei von 10 bis 60 Gramm (je nach Strömung!) am 50-Zentimeter-Vorfach befestigt. Das Wurmbündel »flattert« am 120-Zentimeter-Vorfach (0,35er).

Tipp 94
Verwenden Sie für das Wurmfischen weiche Ruten.

Flatterndes Wurmbündel am 120-Zentimeter-Vorfach.

Auf dem 0,5 bis 1,5 Meter langen Vorfach werden auf den 4er bis 1/0er-Haken – je nach zu erwartender Fischgröße – zwei bis drei Tauwürmer befestigt.
Sobald sich ein Lachs durch energisches Zupfen »meldet«, sollte zuerst die Rute gesenkt und – nachdem sich die Schnur gestrafft hat – angeschlagen werden. Normalerweise nimmt der Lachs den Wurm schnell! Planen Sie als Wurmfischer 50 bis 100 Würmer pro Tag ein, denn der Köder soll immer frisch präsentiert werden.
Als Hauptschnur ist eine 0,40-Millimeter-Monofil-Schnur angebracht, das Vorfach kann 0,1 Millimeter schwächer sein. Wenn das abtreibende Blei am Grund verharrt, müssen Sie blitzschnell die Rutenspitze anheben! Nur wer gut reagiert, kann verhindern, dass sich das Blei zwischen den Steinen verklemmt.
Die Norweger bevorzugen eine ganz spezielle Lachsangelmethode: Sie befestigen zwei Meter über dem Haken eine Wollmarkierung, um den Verlauf des Köders kontrollieren zu können. Der Wurm sollte über Grund schleifen und ein »Schwänzchen« haben, also herabhängen. Um das Wurmbündel für den Lachs noch attraktiver zu machen, garnieren Sie Ihren Haken zusätzlich mit einem roten Wollfaden.

Tipp 95
Suchen Sie den Fluss systematisch ab, indem Sie den Wurf immer ein Stückchen weiter stromaufwärts ansetzen.

Tipp 96
Wenn Sie ein Zupfen spüren, zögern Sie nicht lange, sondern schlagen Sie an.

Die Makrele

Makrelen sind eine besonders gesunde und wohl schmeckende Delikatesse.

Die Makrele tritt als Schwarmfisch in der Nordsee auf und ist die Attraktion zahlreicher Kutterausfahrten. Die beste Angelzeit ist Juli, August und September. Vor der Westküste Irlands kam ich vor einigen Jahren in den vollen Genuss des Makrelenangelns. Eigentlich wollten wir die Makrelen nur als Köder für Pollack und Conger fangen. Doch dann bissen so viele, dass der irische Kutterkapitän nicht umhin kam, uns eine köstliche Mahlzeit zu brutzeln. Anschließend angelten wir mit Makrelenfilets und Makrelenfetzen sehr erfolgreich auf Pollack und Conger. Anglerherz, was willst du mehr?

Ein wilder Kämpfer an der Angelrute

Tipp 97
Wo sich viele Möven tummeln, gibt es oft gute Chancen für das Makrelenfischen.

Die Makrele unternimmt wilde und ungestüme Fluchten und liefert einen aufregenden Drill. Sie kann getrost als ein Muskelprotz unter den Schwarmfischen bezeichnet werden. Nach dem Laichakt im Mai und Juni ziehen die getigerten Räuber entlang der Nordseeküste bis hinauf nach Norwegen – immer auf der Jagd nach Kleinheringen und Tobiasfischen, welche sie oft bis dicht unter die Wasseroberfläche oder in Ufernähe treiben. Meist finden sich Möwen am Schauplatz ein und zeigen dem Angler die günstige Fangchance an.

Die Makrele ist den Meeresanglern als bravouroser Kämpfer bekannt.

Wann die Makrele am besten beißt

Die Makrele ist für den Angler ein typischer Sommerfisch, der an sonnigen Tagen bei ablandigem Ostwind besonders gut zu fangen ist.

Die besten Angelplätze

Meist ist der Angler auf einen Kutter angewiesen, um in 5 bis 20 Meter Tiefe an die blaugrünen Jäger heranzukommen. Einige Angelplätze verheißen jedoch auch von Land aus Erfolg, beispielsweise Helgoland, die deutschen Nordseeinseln und Sylt sowie besonders die gesamte dänische Westküste von Thyboron bis Hirtshals, wo sich jedes Jahr im August zahlreiche Petrijünger einfinden, um die begehrte Beute von den langen Molen oder von seetüchtigen Booten aus zu überlisten.

Tipp 98
In Dänemark kann man auch ohne Kutter Makrelen angeln.

Was Sie beim Fang beachten sollten

Die Angelformen auf Makrele sind sehr vielfältig und verlangen jeweils die richtige Gerätemontage. Die meisten Angler verwenden einen fertig gebundenen Makrelen-Paternoster mit fünf Makrelenfliegen an kräftiger Schnur (0,45-mm-monofil oder 0,20er geflochten) und starker 2,40 bis drei Meter langer Rute mit etwa 250 Gramm Wurfgewicht.
An das Ende des Vorfachs wird meist ein 100 bis 200 Gramm schweres Birnenblei eingehängt. Als Gewicht am Ende wählen viele Angler auch einen kleinen Pilker. Der glitzernde Pilker erweckt die Aufmerksamkeit der Fische – man fängt darauf insbesondere die großen Makrelen, die nach Sprotten jagen.
Noch ein Vorschlag für Systemangler: Makrelenschwärme tauchen so schnell auf, wie sie auch wieder verschwinden, und hinterlassen sehr häufig einen frustrierten Angler – warum ist das so? Nun, bei dieser Angelart geht es so turbulent zu, dass sich der Paternoster leicht verheddert, wenn die Makrelen durch ihre Querfluchten das Federsystem unentwirrbar machen. Deswegen sollten unbedingt mehrere Ersatzsysteme im Gerätekasten sein! Sonst muss man unverrichteter Dinge abziehen.
Hat eine Makrele gebissen, holen Sie auf keinen Fall sofort das Federsystem ein! Durch ihre Fluchten lockt sie nämlich noch weitere Artgenossen an die Haken.

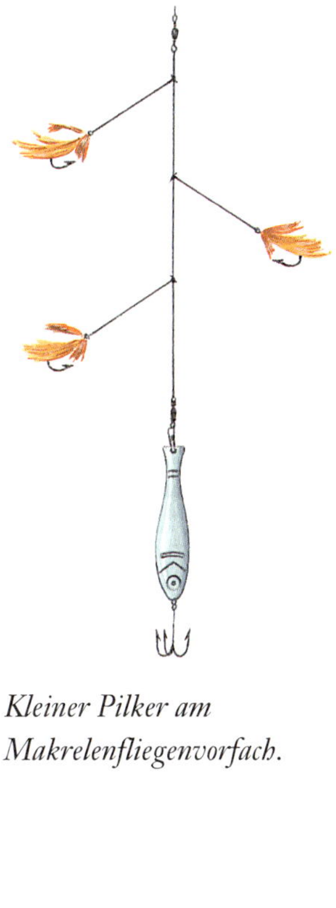

Kleiner Pilker am Makrelenfliegenvorfach.

Aufregende Drillmomente mit der Makrele

Tipp 99
Achten Sie darauf, dass die Bremse nicht zu hart eingestellt ist.

Während ein Makrelenfang mit dem Paternoster ein reiner Gewaltakt ist, liefert das Energiebündel Makrele an der Spinnrute einen tollen Kampf – man kann hier aufregende Drillmomente mit temperamentvollen Fluchten erleben, bei denen in wenigen Sekunden viele Meter Schnur von der Rolle rasen. Die Bremse darf dabei auf keinen Fall zu hart eingestellt sein!

Besonders fängig an der Spinnrute sind der Abu-Toby-Blinker in Silber, helle schlanke Pilker bis 30 Gramm, aber auch Fetzenköder am 60- bis 80-Zentimeter-Vorfach mit vorgeschaltetem Wirbel und 20 bis 30 Gramm Blei-Olive.

Verführerisch angebotener Fischfetzen.

Eine interessante Fangmethode, die insbesondere von den Molen in Dänemark aus angewandt wird, ist die Verwendung einer Laufposenmontage. Die Pose sollte etwa 20 Gramm Tragkraft haben und eine lange und damit gut sichtbare Antenne aufweisen. Am etwa 80 Zentimeter langen Vorfach wird ein fingerlanger Fetzenköder (Hering, Sandaal) angebracht.

Wie Sie Makrelen am besten aufbewahren

Tipp 100
Da Makrelen schnell verderben, sollten Sie sie ohne Kühlung nicht weit transportieren.

Oft habe ich schon auf Nordseekuttern beobachten müssen, dass frisch gefangene Makrelen während der Mittagshitze in den Fischkisten herumlagen. Dabei sind Makrelen besonders leicht verderblich! Sie müssen deshalb möglichst schnell nach dem Fang ausgenommen und an einem kühlen Ort aufbewahrt werden. Idealerweise verspeist man Makrelen in den ersten Stunden nach dem Fang. Nach einer längeren Heimfahrt, bei der die Makrelen bei sommerlicher Hitze auch noch in einer Plastiktüte im Kofferraum verpackt liegen, sind die delikaten Fische nicht mehr zu genießen!

Schonzeiten und Mindestmaße

Der Angler hat es in Deutschland nicht leicht, sich in den gesetzlichen Bestimmungen zurechtzufinden, denn das Fischereirecht ist Sache der Bundesländer und daher von Land zu Land verschieden. Ja selbst im Bundesland können Schonmaße und Schonzeiten von Gewässer zu Gewässer differieren. Es ist deshalb oberste Pflicht des Anglers, vor Angelbeginn genau die Bestimmungen auf der Erlaubniskarte zu lesen, welche Regeln am jeweiligen Gewässer gelten. Auch wer auf Meeresfische und im Ausland angelt, muss sich unbedingt über offizielle Schonzeiten und Mindestmaße kundig machen.

Um es gewissen Fischarten zu ermöglichen, wenigstens einmal in ihrem Leben abzulaichen, oder um sie während der Laichzeit nicht zu stören, habe ich für mich eigene Mindestmaße und Schonzeiten aufgestellt, die teilweise strenger sind als die offiziellen Richtlinien. Wenn Sie sich auch daran halten wollen, hier meine Tabelle:

Fischart	Schonmaß	Schonzeit
Bachforelle	30 cm	01.10.–28.02.
Regenbogenforelle	30 cm	15.12.–15.04.
Hecht	50 cm	15.02.–30.04.
Zander	50 cm	15.03.–30.04.
Barbe	38 cm	01.05.–15.06.
Karpfen	40 cm	–
Schleie	30 cm	–
Aal	40 cm	–
Wels	70 cm	–
Dorsch	35 cm	–

Fangzeitentabelle

In welchen Monaten beißen die Fische besonders gut?

	Jan.	Feb.	März	April	Mai	Juni	Juli	Aug.	Sep.	Okt.	Nov.	Dez.
Aal						X	X	X	X			
Barbe					X	X	X	X	X			
Bachforelle				X	X	X			X			
Barsch							X	X	X	X		
Brassen							X	X	X	X		
Döbel					X	X	X	X				
Dorsch	X	X	X							X	X	X
Hecht					X	X				X	X	
Hering			X	X	X							
Karpfen					X	X	X	X	X			
Makrele							X	X	X			
Regenbogen-forelle				X	X	X			X	X		
Rotauge						X	X	X	X			
Schleie					X	X	X	X	X			
Wels					X	X	X	X	X			
Zander					X	X				X	X	

Empfehlenswerte Angelzeitschriften

Viele Informationen und gute Tipps rund ums Angeln finden Sie in diversen Angelzeitschriften, die es an vielen Kiosken zu kaufen gibt. Ich empfehle besonders folgende Magazine – sie erscheinen monatlich:

Blinker
Europas größte Anglerzeitschrift
Jahr TOP SPECIAL Verlag

Fisch & Fang
Das Erlebnis-Magazin für Angler
Paul Parey Zeitschriftenverlag, Hamburg

Rute & Rolle
Das deutsche Angler-Magazin
Möller Neue Medien Verlags GmbH

Diese Verlage bringen auch immer wieder Sonderhefte zu speziellen Fischen und Anglerthemen heraus.

Über den Autor
Franz Klier ist seit vielen Jahren begeisterter Angler. Er schreibt regelmäßig Beiträge für Anglerfachzeitschriften. Seine umfangreichen Kenntnisse sammelte er bei zahlreichen Angeltrips rund um die Welt.

Hinweis
Die Ratschläge/Informationen in diesem Buch sind von Autor und Verlag sorgfältig erwogen und geprüft worden, dennoch kann eine Garantie nicht übernommen werden. Eine Haftung des Autors bzw. des Verlags und seiner Beauftragten für Personen-, Sach- und Vermögensschäden ist ausgeschlossen.

Bildnachweis
Getty Images, München: 1 (Charles Thatcher), 6 (J. Coolidge), 14 (Ocean Image), 40 (David W. Hamilton), 80 (Renate Kupatt)

Impressum

ISBN-10: 3-8094-1902-8
ISBN-13: 978-3-8094-1902-0

Redaktion:
Dr. Hermann Ehmann, Ulrich Ehrlenspiel
Illustrationen:
Gerhard Prokop, München
Projektleitung:
Gebhard Mosl
Bildredaktion:
Sabine Kestler
Umschlaggestaltung:
Atelier Versen, Bad Aibling
DTP/Satz:
Klaus Lutsch, Maren Scherer
Druck:
Těšínská Tiskárna, a. s., Český Těšín

Printed in the Czech Republic
Gedruckt auf chlor- und säurearmem Papier

Register